生命的隐秘

——易学学者孔令伟精解《周易》系列之三

孔令伟　编著

经济日报出版社

图书在版编目（CIP）数据

生命的隐秘／孔令伟著. －－北京：经济日报出版社，2015.3 （2015.10重印）

（孔令伟精解《周易》系列；3）

ISBN 978－7－80257－786－2

Ⅰ.①生… Ⅱ.①孔… Ⅲ.①《周易》－研究 Ⅳ.①B221.5

中国版本图书馆 CIP 数据核字（2015）第 044118 号

生命的隐秘

作　　者	孔令伟
责任编辑	陈礼滟
责任校对	崔旋子
出版发行	经济日报出版社
社　　址	北京市西城区右安门内大街 65 号
邮政编码	100054
电　　话	编辑部 63543168　发行部 63516959
网　　址	www.edpbook.com.cn
E－mail	edpbook@126.com
经　　销	全国新华书店
印　　刷	北京鑫瑞兴印刷有限公司
开　　本	889×1194 毫米　1/32
印　　张	5.75
字　　数	80 千字
版　　次	2015 年 7 月第一版
印　　次	2015年10月第二次印刷
书　　号	ISBN 978－7－80257－786－2
定　　价	28.00 元

作者前言

英国著名评论家海斯利特曾说：“低估自己者，必为别人所低估。”

我出生在苏北微山湖畔的一座小城，划船、打渔、游泳是当地小孩子的最爱。但因为孔家一脉单传，只有我这么一个宝贝孙子，所以家里不允许我和其他的小孩们下湖去玩水，而是每天用一把“铁将军”把我牢牢地反锁在房间里。一个贪玩的被反锁在屋子里的小男孩百无聊赖，只好在屋里搜罗自娱自乐的东西。

我家是诗书传家，家中的古籍存有两大箱，足足有200本。《大学》《论语》《中庸》……一本本、一册册旧得发黄的老古董，被我老爷爷宝贝似地收着。那时实在闷得慌的我对这些古书发生了浓厚的兴趣，现在看来，我就是从这个时候开始，开启了注定我今后一生的国学之旅。

幸好，爷爷从小就教会我识字。慢慢地，在不知不觉中我把经、史、子、集来回翻看，甚至连《周易》《奇门遁甲》等完全看不懂的书，也一知半解被我统统翻阅过很多遍。原本是为了摆脱寂寞和孤独，却没想到看过之后竟然入了迷，那些天书似的文字，把我带进了一个奇幻的世界，竟然一发不可收。

起初我并不能很好地理解那些典籍的深刻含义，但这反而让我对那些书产生了兴趣并上了瘾。等年纪稍大的时候，即使屋子的大门没有锁，我也不愿意出门，而是如饥似渴地继续去读那些似懂非懂的古书。

几年下来，大约在我十一二岁的时候，家中的藏书中，有很多我已经能熟练地背诵下来。背书能大量吸收书面语言的信息，掌握和积累书面语言的语感。日积月累的熏陶和输入，总有厚积薄发的时候，正所谓“熟读唐诗三百首，不会吟诗也会吟”，“读书破万卷，下笔如有神”。当年我翻阅、背诵下来的那些旷世经典、圣人之道，为我今天深入研究国学奠定了扎实的基础。

等到上小学三年级的时候，我已经开始看《周易》，虽然依旧是看不懂，但我会把《周易》的很多符号比如太极八卦、阴阳符号等用笔画着玩，直到后来我已经把《周易》差不多都能背下来了。再后来我开始练习用《周易》推演事情的发展，起初是应用《周易》的算法，估计一下大体什么时候有雾有水或者涨潮，还有下雨什么的。当时还不懂天气预报，只觉得能预测到这些天气变化非常好玩。直到家里有了电视，才知道这其实就叫“天气预报”。

现在回头去看，从小我与国学尤其是《周易》结下的不解之缘，看似是偶然的，实在是偶然中的必然。

现在，我在继续深入研究《周易》的同时，还开班授课，以“技高德馨，质朴宽怀，行善积德，虔度有缘；乾坤国学，造福四方，桃李天下，功德无边”为理念，广结善缘，为那些喜爱国学尤其是易学的学员们，讲解易学中的制胜之道、帝王之学。

目前我的学员，大都是来自企业的精英，他们在事业上摸爬滚打、久经历练了很多年，成了企业掌门人，但仍旧会在不同的时段遇到经营以及生活中各种各样的难题，他们希望通过学习国学经典，获得独立掌握破解各种问题的方法。这使我很感慨，也使我更进一步看到自己从事这项事业的积极意义和因此带来的社会价值。

人生在世，谁也不可能是一帆风顺而不遭遇曲折坎坷的。在这样的现实面前，我们除了保持积极上进的人生态度，还需要增强分析自己、家庭和企业面临的现实处境，以及研判未来的能力，及解决各种问题的能力。

2014 年 5 月 4 日，习近平总书记赴北大考察，召集北大师生座谈，做了《青年要自觉践行社会主义核心价值观》的讲话。讲话援引古今，出入六经四部，辞气恳切，洒洒万言，赢得了广大师生和社会各界一致的赞誉。特别是他说到的“天行健，君子以自强不息”，就是出自《易·乾》，意谓要努力向上，永不停息。

因此，只要我们永不停息地努力学习，积极

求索，就一定能走出一条开拓进取、完善自己、造福社会的人生道路。

孔令伟

2015 年 3 月

目　录

绪　论

四柱八字学又称四柱预测学或八字预测学，是人类为了提前预知未来所总结出的经验学，与统计学、数学、天文学等诸多科学密切相关。

四柱八字学是周易学说的一个分支。以阴阳变化为原理，以五行生克制化为法则，是一种较为科学的推演模式。

中国古代生产力极其落后，人类征服和改造自然能力很差，所以大自然的各种变化，包括洪水、猛兽等，对人类的生存构成很大威胁。人类为了生生不息繁衍下去，就要学会与大自然共同生存并和谐相处。于是，为了提前预知大自然的各种灾难，人类经过漫长的、不断的探索和总结规律，由此诞生了阴阳学说，总结出阴阳对立统一的宇宙观，有了《易经》，流传到后世的《周易》学说。

《周易》之“周”，循环往复周流不息；“易”，变化、变动、更变。周易学说，揭示世界万事万物循环往复周流不息的变化。

《易经》有三大原则：变易、简易、不易。

所谓变易，是指宇宙万物，没有一样东西是永恒不变的。不变是相对的，变是永恒的。譬如我们坐在这里，第一秒钟坐下来的时候，已经在变了，立即第二秒钟的情况又不同了。时间不同，环境不同，情感亦不同，精神亦不同。万事万物，随时随地，都在变化之中。

简易，是说宇宙间任何事物，有其事，必有其理。万事万物如何奥妙，当智慧、知识够了，了解了以后，就会变得平凡而简单。哲学上有一个对比，天地间“有其理无其事”的现象，是因为经验还不够，科学的实验还没有出现，“有其事不知其理”的，是因为智慧不够。《易经》告诉人们，宇宙间的事物随时都在变，尽管变的法则很复杂，但是在我们懂了原理、原则以后，就非常简单了。

第三，不易。万事万物随时随地都在变化，可是却有一项永远不变的东西存在，就是能变出来万象的那个东西是不变的，那是永恒存在的。比如哲学家叫的“本体”，科学家叫的“功能”。

易学从其创立的那天起，就形成了两大理论体系：一个是易理体系，一个是象数体系。易理体系属于社会科学，象数体系属于自然科学。而四柱八字学属于易经的象数体系。

第一章
《周易》与《四柱八字学》

一、四柱八字学的历史与发展

四柱预测学起源于汉代，是中国古老术数中的一种。在中国几千年的历史中，无论是王侯将相，还是平民百姓，术数都在生活中扮演着重要的角色：大到帝王封禅祭祀，小到老百姓结婚生子，都不乏术数参与其中。术数对中国传统文化有着深远的影响。

在汉代的术数不止是择日、禁忌、望气、卜相、星占等，而开始发展以阴阳五行、天干地支为基础配合年、月、日的推演术，这种预测术经魏晋南北朝的推衍发挥，到唐代始告确立。

四柱八字成为中国古代预测学的重要部分，最初是由唐代李虚中开始的。他根据一个人出生的年、月、日、时干支来推断一个人的富贵贫贱以及寿命长短等，在民间传说李虚中预测极准、百不失一，因此而声名远播。可以说，后人也把他称为八字推命的开山祖师。李虚中是四柱八字预测学的创始人。

五代宋初徐子平对四柱八字研究有了进一步发展，八字推命术正式进入成熟完备阶段。徐子平的最大贡献，就是把李虚中推算年、月、日、时干支的办法进一步演进为年、月、日、时同时预测的“四柱”法。他将人们出生时的干支八字用来论断各种人事，把四柱八字学进一步发展完善，显示出更高的准确度。因此命理学中的八字命理又称“子平术”或“子平八字学”，以纪念徐子平对八字命理学的贡献。

徐子平虽然是作家，但对中国国学中的阴阳五行等理论颇为精通，后来他集八字命理之大成，改以日干为我（日主/命主），查四柱间之五行生克制化、刑冲会合为推命重点，并发扬光大。宋代徐升根据徐子平命理研究的成果，编辑了《渊海子平》一书，这是八字命理学上最重要的著述之一，是第一本成系统的著作。

《渊海子平》全书分五卷，第一及第二卷论述阴阳五行的基本原理及各神煞与命式格局；三卷论六亲；四卷论人鉴及十二月建侯；五卷为诗诀。其书内容全面，方法简单而实用，但缺点是分类不明及论述粗略，但仍掩盖不了它在命理学上的重要地位。

明代是八字推命发展的鼎盛时期。宋濂曾写有《禄命辨》一文，第一次系统地总结了我国命理学的历史渊源，一时关于命理的著述如雨后春笋般地涌现。比较有名而且质量较高的有刘基写的《滴天髓》、沈孝瞻的《子平真栓》、万民英的《三命通会》、张神峰的《神峰通考命理真宗》等，其中又以万民英的《三命通会》影响最大，口碑最好。

四柱预测发展至今，虽然理、数同宗，但法技不一。它们各自的推断技法不同，像盲人批八字，由于他们先天条件所致，所以他们主要是靠背诵一些断四柱的歌诀，而且是死记硬背，只能在民间生存。

事实上，四柱预测学是以人的出生时间为根基，以每人大运的起伏变更为主线，以天干、地支五行生化刑害的比较为方法而对人的命运、疾病进行预测的一门学问。四柱预测学是我国古代劳动人民在信息预测科学上又一重大发明。它把天干、地支、阴阳、五行引入人体，用以表示人体各个部位的信息标志，人们可以根据标志看到阴阳五行之气在人体上的分布、结构、排列组合及五行生克制化的时间，并以此来预测人的命运与疾病等变化的规律。

四柱预测学是我国人民聪明智慧的结晶，它是经过几千年风风雨雨和历史上无数预测家不断努力和反复实践总结出来的宝贵经验。

二、如何正确去解读周易与四柱命理

《易经》的哲学意义要重于预测、推理功能，其预测功能只是《易经》的一部分。然而，对于世人来说，对《易经》感兴趣的恰是其预测功能，这正是其魅力所在，比如对八字命理的研究。

中国传统术数文化作为中国文化中独特而具有魅力的部分，挖掘术数文化自身和其背后所包含的内容，是很必要的。术数的原理基于易经的八卦与阴阳五行理论。术，指法术，即方式、方法。数，指理数、气数，即阴阳、五行生克制化的运动规律。术数，一直是中华传统文化的重要组成部分，曾经是我国历史上社会生活中的时尚。一般来说，狭义的术数，是专指预测吉凶的法术，广义的术数包括天文、历法等。而八字命理的核心正是八卦与阴阳五行理论。

四柱八字是中国传统术数中最具代表性的一个门类，是中国的一种记录日期和时间的方式。以干支记录时间的方式从夏朝开始就已经开始使用。

八字源自古代的中国，是一种利用天干和地支来准确记录年、月、日、时的方式。由“年干，年支”、“月干，月支”、“日干，日支”、“时干，时支”，共八个干支所组成（共 8 个字），年、月、日、时的干支组合称为“柱”，形成“年柱”、“月柱”、“日柱”、“时柱”，故八字又称为“四柱”或“四柱八字”。

四柱八字一方面指的是生辰八字，另一方面也指使用生辰八字进行命理演算的方法。这种方法叫做八字命学，也叫八字命理。

八字命理的学说最开始的时候，是以年柱为主体，以生年干为本命，辅以纳音法推命。唐朝的李虚中改为以年为主，取年、月、日、时四柱推命。宋朝时期的徐子平改为以日干为我，查四柱间的五行生克制化、刑冲会合为推命重点，并发扬光大。

四柱推命是由天干、地支、阴阳、五行、四时四方、十二宫、星宿神煞等几部分及其他们之间关系所构成。“八字”是中国命理学中重大的发明，经过了反复的实践和考证，是中国几千年文明的缩影。

第二章
四柱八字学理论的现代科学意义

四柱八字学是传承易经而来，是中国五千年流传下来的文化瑰宝，无可置疑。我们应该以科学的眼光，站在科学的角度去看待四柱八字学，既不能因为某些预测师打着周易算命的旗号坑蒙拐骗民众就一棍子打死认为是迷信，也不能因为某些精通五术，精通命理的预测师算的准确率就愚昧崇拜其为神仙。

其实，四柱八字只是一门技术，一门与统计学密切相关的学科，其准确性完全取决于科学的统计概率。

一、四柱八字的科学性及其价值意义

四柱预测是中国古人聪明智慧的结晶，是历经几千年的世事沧桑，经由历史上无数的预测学家不断努力反复实践、总结出来的宝贵经验。无论是古人还是现代人，都受到四柱预测的恩惠。大量事实表明：四柱预测不仅具有其独特神奇的事先预测吉凶、超前反应人和事变化情况的功能，还有其玄妙的科学道理以及宝贵的使用价值。

四柱八字是科学的，它是以阴阳变化为原理，以五行生克制化为法则，以人的出生时间为依据而对人与事进行预测，是帮助人们趋吉避凶的一种推演模式。

中国古人认为天、地是对应的。地域九州的分配同星象是对应的，芸芸众生同星象是对应的。构成世界的金、木、水、火、土在天上也有金星、木星、水星、火星、土星相对应。太阳代表阳、月亮代表阴，这样阴阳五行学说同星象学结合到一起。人的命运由星象的五行之气左右，不同的人有不同的星象五行之气，所以命运不同。

北宋宰相吕蒙正所著《时运赋》：“万般皆是

命，算来不由人，蛟龙未遇，潜身于鱼虾之间，君子失时，拱手于小人之下，天不得时，日月无光，地不得时，草木不长，水不得时，风浪不平，人不得时，利运不通。”

从宇宙星体学角度来说，每个人一来到这世界上，就和整个宇宙息息相关，随时受到宇宙星体对地球产生的各种效应的影响。易经认为人都在五行之中，每个人出生后，生肖、生辰已定，其八字的金、木、水、火、土与一生的命运都将受到地球磁场的支配，便有了后来的一生起伏跌宕。

中国的四柱推命，以万物的生长规律和天、人合一的理论为基础。在每一个基本概念、每一个推命依据的背后，都包含着一个深刻的人生哲理。命理，就是人事的事理，它所包含的天道就是人道。四柱八字能够将这些人事的道理公理化、定理化以及概念化，然后用阴阳五行、干支、数字、符号、图形等将它们联系起来，从而使似乎根本无法把握的人的命运和事件的结局能够通过测算而得以预知。

人们常有过这样的感受，当运气特别顺利的

时候，努力的动力特别足，因为接踵而来都是好事，所以有“芝麻开花节节高”的状况。这都是因为受到地球磁场的作用，阴阳五行达到了平衡状态，所以连睡觉都是香的。反之，阴阳失调，人就会变得很颓废，缺少动力，事业生活受阻，这就是所谓的“人要倒霉喝口凉水都塞牙”的不幸状况。

所以，四柱学是将哲学和自然科学融为一体的学问，它使哲学在许多情况下自然科学化了。它不是为了简单的了解所谓的命运，而是在各种统计中发现一般规律，指引人们懂得如何去通过后天的努力和改变而实现最大的成功。比如某人八字金旺木衰，从阴阳五行上来说，要达到“天地人合一”的协调状态，此人最宜行东方木运，事业方位上也最适合在自己出生地的东方位置上发展。

因此，人们不能改变命来何处，但能把握运去何处。与生俱来与外物条件相结合，构成了人的命运。命运不是唯心的，而是辩证的。

一个人的由来是既定的，智力、体力是天生的，家庭基础环境是固然存在的，教育环境也是既有的。但是心态、能力、周围人的举动、环境是变化的，这一切促使人发生改变。所以人们可以去选择那些适合自己并喜欢的生活方式。所谓“安身立命”之“立命”，就是建立命途的脉络，通过制造运势来改变先天之命，使生活变得美满顺畅。

八字命理是对“命”的认知，对“运”提供依据，是根据天干、地支所得出的。再在此基础上，对“命运”进行推理论证。天干地支共22个的符号错综有序，充满圆融性与规律性，充分显示了大自然运行的规律，即时（时间）空（方位）互动，阴与阳的作用结果，包含了阴阳五行的思想和自然回圈运化的规律。然而八字推命作为预测科学真的有效吗？

从理论上说，四柱中天干地支的不同组合方式可达2×12^8（即859963392）种之多。每一个人四柱中天干、地支的特定组合，均与其特定的生命历程相对应。故四柱之中，储存了一个人一生的全部信息，犹如“生命密码”。排出四柱之后，推断者再查出各地支所藏的人元天干、排出大运、流年，装上十神，标出日干在各地支中所处的状态，如长生、沐浴、冠带、临官等。通过对四柱中阴阳、五行生克制化的全面分析，根据日主的衰旺程度，找出用神。

几千年来，预测者的实践活动证明这种推断的结果是站得住脚的。对四柱的正确推演，可以验证以往，可以预测未来。所以说四柱既是一个人过去经历的纪录档案，又是他将来人生活动的节目表。

四柱八字学还是一门研究生命现象的科学，它能对人的一生在哪一方面有优点和缺点并在时间上进行了准确的定位，对人的哪一方面可以用一个坐标曲线描述出来，它摆脱了自然科学仅仅研究一方面的束缚，融入了生理学、病理学、遗传学、信息学、数学、自然科学还有哲学等庞大科学知识体系。

马克思辨证唯物论认为，宇宙间万事万物是相互联系、共同发展的。根据宇宙信息全息理论，人类生存于宇宙之中，宇宙中所发生的一切变化，大至天体运行，小至各生物体的代谢，都必然对人类的每一个体产生影响，并在其身上留下信息的烙印。

众多的现象证明，人是随着宇宙大环境的运动变化，按其本身特有的规律向前发展的。这种变化是抽象的，不容易直接体察到的。为了直观地阐述和推演宇宙和人生的发展变化规律，我们的先民发明了天干、地支，并把它和阴阳五行联系起来。把大自然和人生的方方面面归类于阴阳、五行、八卦之中，然后再根据阴阳、五行之间的生克制化的关系进行推演，其结果是令人折服的。

这种对宇宙和人生所进行的高度概括的推演，被直接应用于两大领域，一是中医学体系，二是周易预测体系。四柱命理是阴阳五行学说在人生预测领域的具体运用，和中医是同源的。阴阳五行学说是中医的灵魂，四柱八字预测用的也是阴阳五行的理论。中医起源于 2000 年前的古老中国，四柱八字预测术起源于 2200 多年前的汉代。两门学科用的是同一套理论，是一脉相承的哲学体系。他们的精髓都是阴阳五行学说，只不过各自的职责有所不同。中医只负责病后的诊断与治疗，四柱预测负责的是对病前和病后的前景做出预测。预测学是宏观地对疾病进行分析、诊断、治疗，对中医学的科学性做出了一个旁证。

同时，十天干、十二地支与中医的五脏六腑有着密切的关联。比如，生辰八字与中医藏象学的密切联系，五脏心脾肺肾肝，五味苦甘辛咸酸，在十天干和十二地支中都有所体现，如下：甲（胆）丙（小肠）戊（胃）庚（大肠）壬（膀胱）——六腑为阳配单数之位。乙（肝）丁（心）己（脾）辛（肺）癸（肾）——五脏为阴配双数之位。十二地支与人体部位的关系：子丑为腿脚、寅亥为腿膝、卯戌为屁股、辰酉为两臂、巳申为肩、午未为头面。十二地支与五脏六腑的关系：子属膀胱水道耳，丑为肚脐及脾胃，寅胆目疾脉两手，卯木十指内肝方，辰土为脾肩胸痰，巳面齿咽小肠肛，午火心脏并眼比未土胃脾并脊梁，申金大肠经络肺，酉金咽喉及气管，戌土命门腿踝足，亥水发骨尿道肾。

因此，中医学不是迷信，同样四柱命理也不是迷信。

二、四柱八字的科学运用

四柱学作为中国古代的生命信息学，是中华民族聪明才智的结晶，是几千年来大浪淘沙后的产物，是历史上无数易学家不屑的努力、反复实践总结出来的理论。

国学大师季羡林先生曾经为世人列出一道公式：天资 + 勤奋 + 机遇 = 成功。天资是什么？就是先天之命。机遇是什么？就是后天之运。也就是说，先天之命和后天之运占了 2/3 了，勤奋占 1/3。

四柱中天干地支的排列组合形式称为“命”，也叫“命局”，人一生的各个不同阶段称为“运”，二者合称“命运”。生辰可以定性，但运可以变化。先天之“命”，指的是一个人的出生的年、月、日、时，是无法改变的；后天之“运”受多方面因素的影响，可以后天人为地调整和改善。所以，一个人命运的好坏，既要看生辰信息的排列组合，又要看行运如何。

人出生之前，胎儿通过母体和大自然进行联系。降生之后，幼小的个体开始通过自身主动地和外部世界发生联系，进行物质、能量和信息交流，开始独立的人生旅程，进入后天发展阶段。人体脱离母体而出生，是完成由先天向后天转变的关键时刻，当时客观世界的运行状态，如光线的明暗，温度的高低等可以感觉到的因素，和不能直接感知的阴阳五行组合状态，必然与人的一生发生联系。故由出生之时阴阳五行的特定组合状态（以四柱为标识）进行合理化的推演，是可以预知其日后的发展过程的。

人们常说“自己的命运自己掌握”。人要掌握自己的命运，必须先了解自己的命运，知命者方可立命。对大多数人而言，完美无缺的命局和一败到底的命局都只占很小的比例，一般人的命局都存在一定的偏颇。这方面好，那方面又不尽如人意。《命理探源》中说：“病重而得药，大富大贵之人也。病轻而得药，小富小贵之人也。无病无药，不富不贵之人也。”生活事实也证明了这一点，大难不死之人，必有后福。

调整命局的偏颇，使人快乐幸福，是美好而普遍的愿望。

首先，根据命局的喜忌从五行平衡方面进行调整。比如在饮食疗法中有以脏补脏的说法。又如音乐疗法：在医疗实践中，《二泉映月》《平湖秋月》《仲夏夜之梦》等曲目可治疗神经衰弱、失眠等症；《花好月圆》《欢乐舞曲》可促进食欲；《喜洋洋》《步步高》可缓解情绪忧郁。再如颜色疗法：绿色对视力有保护作用，是因为肝脏属木开窍于目，故绿色有护目之效；红色有兴奋、激发作用，因其五行属火，其性亢燥之故；蓝色、黑色可收安神、镇静之效，以其五行属水，其性寒情冷润下之故。另外，现在运用广泛的有“四柱疾病预测学”，其临床应用获得科学的论证。如对哮喘病人的分析：八字无木者，易喘；旺金克弱木，易患过敏症和哮喘；命局中土多土旺，木弱无力，多发哮喘。又比如中医上的情志治疗，北方属水，司冬，色黑，代肾，味咸，五情为喜，五德为智；南方属火，司夏，色赤，代心，味苦，五情为忧，五德为礼；西方属金，司秋，色白，代肺，味辛，五情为怒，五德为义；东方属木，司春，色青，代肝，味酸，五情为思，五德为仁；中央属土，司四季，色黄，代脾，味甘，五情为恐，五德为信。如果某人是甲戌年甲戌月甲戌日甲戌时生人，因为甲木克土，此人天生就容易脾胃虚弱，所以后天要注意保养才能不生脾胃之病，而他的情志方面易恐，都是要后天注意的事项。

其次，根据命局的喜忌选择正确的行为方向。

当一个人的四柱八字列出之后，还要结合一年中的春、夏、秋、冬四时以及东、西、南、北、中五个方位，进行通盘分析。五行与方位的结合，是将五行分别安置于东西南北中的相应位置，根据八字的五行情况，推算其生息、活动的最佳方向。五行与方位的结合也遵循五行属性的原则：木的察性温和向阳，甲、乙、寅、卯木与太阳初升之处的东方相配；火的察性炎热盛长，所以丙、丁、巳、午火与气候炎热的南方相配；金的察性清凉肃杀，所以庚、辛、申、酉金与太阳落山、草木不生之处的西方相配；水的禁性澄澈寒冷，所以壬、癸、亥、子水便与水冰地寒的北方相配；土的察性厚实中和，有利于万物生长，中央处在四方之中，所以戊己辰戌丑未土便与中央相配。

第三，根据命局的喜忌选择适宜的职业。命局中旺神所临的五行是本人主观上所喜的职业，而喜用神所临的五行是最能发挥命主潜力，最能取得成就的职业。命中喜木者，以做和木有关的职业为佳，如装潢、园艺、纸业、出版等，其他喜金、水、火、土这，以此类推。当然，职业和五行的对应关系是复杂多变的，随社会的发展会产生某些变化，故运用时要根据具体情况灵活掌握。

第四，根据命局的喜忌选用或改用合适的名字。名字伴随人的一生，也影响人的一生，好的名字对人的发展有一定的提升作用。比如命中喜水，以水为用神者，可选带水傍之字，如波、涛、江、海等字入名。直接以命局所喜的天干或地支作为名字也是一种很好的选择，另外，以命局中吉性星神所临干支或卦名作为名字其效果是非常好的。这些在中国人取名的时候是很普遍的现象。

第五，根据命局的配合情况正确择婚。古代人媒妁之言，首先看的就是八字，当然在现代已经不那么看重了。但是在民间人们依然相信性格上的迥异会影响到婚姻的存续，而性格是天生的。比如男女双方的年柱天合地合为最宜，年命纳音也以相生或比合为宜。

第六，对于六亲关系中存在的刑克应妥善处理。这种刑克是命局中干支的不合理组合所造成的，但是可以采用适当的办法化解。如在古代，父母和子女之间相克，可以给子女讨外姓（拜干父母）或过继给别人，也可以让子女在庙里办理皈依手续，定期到庙里进香，或拜一个和尚或道士为师，或在特定时候出家一段时间，旧社会一些达官贵人甚至找人代替自己出家，即替僧。这叫信息的转移。把它分散转移，由多人共同负担，则皆可承受，减轻压力，于人于己皆无损。

第七，根据命局喜忌对居住环境进行合理安排。这些和风水学有一定的关系，可参考风水学之“天、地、人合一”理论。

总之，先天的“命”，通过后天的“运”的调整，可以使一个人的才能得到最大限度的发挥，为事业的蓬勃发展奠定基础。

三、如何正确理解与掌握周易与四柱命理

真正研究过易学的人，都知道周易是一本深奥的哲学书籍，其理论的艰深与难度至今令很多研究者痴迷其中。易学之术数研究，更是奥妙无穷。

但是，对于术数的研究和了解，很多人却误入偏颇。很多人只是抓术语断语论命，使术数一度被误解。其实断语的使用，只是大致方向下的结论，其他还有很多条件不同，比如命理格局，

组合位置，旺衰平衡。

研究术数，决不能忽略易学中的哲学规律。

术数模型是术，术有解读它结构的理论和方法，就是法，理清其中的奥妙法则便通道，这就是由术证法，由法入道，若能融会贯通里面的哲学规律，就达到通道的境界。

人与自然界的关系，受自然制约，又是自然的改造者，这是对立和统一的。我们不能忽略自然规律去改造世界，比如该春天播种的，决不能在别的季节去播。但当人类面临实际性问题时，常常会忽略了这个根本性的问题。

周易用简单的卦象、爻辞推知事物发展变化，也就是用变化之道类万物之情，它的哲学规律本质就是用基本符号阳、阴爻、三才、类内外、上下、尊卑、通过阴、阳对立定律，质量变化定律，否定之否定三大定律来解读万事万物的状态：发生，发展变化，结果。如太极图中阴阳的发展变化，自然春、夏、秋、冬的寒暑交替。

周易的三大哲学定律：一是对立统一定律。无极生太极，太极生两仪，两仪生四象……二是质量互换定律。任何的质变都是量变的积累。量变是事物发展数量的变化，质变是事物发展的性质变化；三是否定之否定定律。事物发展到一定阶断就会向相反的方向发展。

知道了周易的哲学定律，就能很好地分析四柱命理学中蕴含的哲学道理了。

在四柱命理中，格局论、十神论都有所忽略。所以，必须从具体的十天干，即从自然性的一面更能解读更多有用、更准确的信息。因为，四柱命理学不仅是社会关系的哲学，还是自然科学。

四柱八字体现出来的哲学辩证思想、历史文化意义，是我们所要着重研究的，它所体现出来的古代中国人的哲学思想、世界观和思维方法，以及其中所包含的历史和文化意义。

八字易象的形式与传统《周易》卦象不同，它不是以阴爻和阳爻两种符号组成，而是以汉字组成象。这汉字所象征的是以十天干、十二地支代表的阴阳五行之气。

八字的符号象征意义是：首先，它象征自然界的阴阳五行。六十甲子的天干、地支分别固定地代表自然界五行中的某一行。如十天干中，甲乙为木，丙丁为火，庚辛为金，壬癸为水，戊已为土；十二地支中，辰、戌、丑、未为土，寅、卯为木，巳、午为火，亥、子为水，申、酉为金。其次，它象征着人类社会和家庭的关系。根据八字天干地支中的五行与“日主”（我）形成的生、克、比的关系的不同，又分别象征家庭中的不同亲属和不同的社会关系。如“我克”者为父亲、妻子、财产，“生我”者为父母亲，与“我”同类者为兄弟姐妹等等。再次，它还象征人体。以十天干为例：甲代表胆和头，乙代表肝和颈，丙为小肠，丁为心，戊为胃，己为脾，庚为大肠，辛为肺，壬为膀胱、焦，癸为肾、心包络，等等。

这样，八字就构成一个反映自然界生态环境的，反映社会关系和家庭关系的，反映人体的象征；这样，从一个术数的易象中，我们看到的却是古代中国人对自然和社会、家庭、人体的结构和关系的认识。从这些认识中就体现出一定的哲学思维。这也是四柱八字命理具有哲学和文化意义的原因。

第三章
中国的四柱八字学

由人的出生年、月、日、时与天干地支排列称之为“四柱八字”，是人体的一部全信息储存器，它包含了人体上排列众多的天干地支，通贯全身，它储存了人的一生信息。古人为了使人们能看到和掌握命运的吉凶信息，还发明了大运、小运、流年。为了把握吉凶发生的时间，又发明了六亲、生老病死等信息标志，以把握吉凶发生的对象和性质。这样，人的一生从幼到老，通过大运、小运、流年与四柱生克制化关系的综合平衡就构成了人的一生命运的线路标示图。与之相关的文化因素，一是阴阳五行，一是天干地支。

一、认识四柱八字

四柱八字，又被称为生辰八字，以人的出生时间——年、月、日、时，为四柱，每一柱又都各有一个天干和一个地支共两个字，四柱合计共有八个字，以这八个字为八字。

具体地来说，四柱八字就是，一个人出生时的那一年，那一个月，那一天，那一个时辰的天干地支。其中，年干和年支是年柱，月干和月支是月柱，日干和日支是日柱，时干和时支是时柱。

四柱八字也可以简称为“四柱”或者“八字”。因为四柱和八字实际上指的是一个东西。

不过，我们平时说的四柱八字是包含两种意思的。一种意思，就是指生辰八字。另外一种意思，是指使用生辰八字进行命理演算的方法。这种方法叫做八字命学，也叫八字命理、八字命理学。

首先，学习八字命理都要熟悉一套把时间换成八字的方式。每一年以立春为新一年的开始，立春至惊蛰为寅月（近似农历正月），以“节”那一分钟（并非子时开始）为月之始，“气”的最后一分钟为月之终；然后依次序推算出月柱、日柱、时柱的天干与地支。

因八字只为体现地球与太阳的相对角度位置，所以时间换算成八字的公式需参考很多因素，包括太阳时、恒星时、均时差、时区、夏令时，甚至包括经度，以及该经度与太阳的日照相对夹角等。这样的换算法固然精确，却也较为烦琐，多半借助计算机辅助计算，一般是以万年历搭配简易公式换算。

学习四柱八字，需要掌握以下的基本知识：

一是天文历法。分为三个种类。

1. 公历

公历又叫阳历，是太阳中心连续两次经过春分点所需的时间，平年为 365 天，闰年在 2 月末加一天，为 366 天。按照阳历，当某年的纪元年数不能被 4 整除时为平年，如 1981 年；能被 4 整除而不能被 100 整除时为闰年，如 1984 年；能被 100 整除，而不能被 400 整除时为平年，如 1900 年；能被 400 整除时为闰年，如 2000 年。

2. 农历

农历是中国广泛使用的历法，又叫阴历、夏历，因为它的纪月法以月相为标准，以月亮从朔到上弦、望、下弦再到朔的一个朔望月为一个月。我国自公元前 14 世纪的殷代起，到 1911 年的辛亥革命为止，一直在使用“十九年七闰（加七个闰）月”的历法。因为二十四节气是由太阳的位置决定的，因此农历合适的称呼应是“阴阳历”。

3. 干支历

天干地支简称干支。天干共 10 个字，顺序为甲、乙、丙、丁、戊、己、庚、辛、壬、癸；地支共 12 个字，顺序为子、丑、寅、卯、辰、巳、午、未、申、酉、戌、亥，都是传统用来编排次序的字组。二者并行组合排列成天干地支表，周而复始，循环使用。

干支历的纪年纪月法都与农历相同，它的年、月、日都各以干支顺序排列，互不干扰，闰月也和农历相同。干支历中的节日“三伏”、“九九”

以及“出梅”、“入梅”等，与人们的日常生活和当时的社会活动密切相关。

二是日柱。日柱是命理学术语，又名身主、命主、日元、日干、我，它代表的是“自己”。这个词在八字命理学中很常见，一般来说，命理学中以日柱中的天干来表示本人。

三是流年。流年指的是当年或者某一年，比如今年是癸巳年，明年是甲午年，这里的癸巳、甲午就是流年了。再比如生肖猪在蛇年冲太岁，那么就是“流年冲太岁”，人们常说某个人在某一年的运气不好，也叫“流年不利”。

四是大运。所谓大运，是在四柱八字的月柱上，按照“阳男阴女”顺排、“阴男阳女”逆排的规律推排出来的，每一步运为十年，即十年换一步运。

流年是指一年，大运一般是十年。流年、大运共同组成了一个人的“运”，与生辰八字一起，就组成了我们常说的“命运”。所以说，一个人的命运如何，不是简单的分析和判断的，而是随着流年、大运的变化而变化的。

五是交运。这里所说的交运点，是在两步大

运转换的时间点前后的一段时间。交运、换运，通常是人们转变人生方向的时间段，会出现波动、变动、感情多变等情况，往往是人生当中比较关键的时刻。交运点前后一年左右（每个人的情况不尽相同）往往是多波动的时间，需要自己特别加以注意。

六是用神与忌神。用神，就是通过八字的分析，找出所需要的五行，也就是对命主有利的五行，即我们常说的五行喜金、喜火或者“以金为用、以火为用”等等。与用神相对应的来说，就是忌神，就是对命主有伤害的、不利的五行。

命局中对用神的判断是非常专业的，很多人都很在意八字中五行缺什么，然后热衷于缺什么补什么，其实这种说法是不确切的，一般需要补的并不一定是缺少的五行，而是喜欢的、有利的五行。

二、四柱八字基本理论

（一）阴阳理论

阴阳理论一个著名的标志是太极图，一个圆

从中间以一个 S 分开，一半白一半黑，白为阳，黑为阴。阴阳理论用图形来形象地表达人对世界万事万物的认识。

阴阳学说产生于上古时代，它是我国古代朴素辩证法的基础，世界万事万物都处于阴阳消长和转化中，所以，阴阳学说原理广泛应用于自然和人类生活的各个角落。比如一件事物的好坏两面，也是阴阳的体现。又比如使出行更为方便的汽车，和伴随而来的交通事故和环境污染等等。

朴素唯物观点认为，世界万物类别繁多，但都可以用阴阳来代表。“阴”具有柔弱、收敛、收缩、等特性，比如月亮、黑夜等。“阳”具有刚健、生发、伸展、明朗等特性，比如太阳、白天。阴、阳是属性完全不同的两类事物，是对立统一的、相对存在的事物。

阴阳理论解释自然界存在的一切现象都有着相互对立又相互作用的关系，并用阴、阳来解释自然界两种对立及相互消长的力量关系，并认为阴、阳的对立和相互消长是任何事物都具有的现象。根据阴阳消长理论，冷和热之间可以转化，万事万物此消彼长，一年四季、潮起潮落都是转化的过程。

阴阳理论可以归纳为以下几个基本方面：所有事物都有两面性、对立性、相互依存性、由阴转阳或由阳转阴（相互转换）、阴中含阳、阳中含阴；共存、对立、互依、互动、互生，并不断循环。

首先，世界万物讲究阴阳平衡、对立统一。任何事物内部都同时存在着相互矛盾相互对立的两种属性、两个方面，如刚柔、奇偶、上下等。这是一切事物的根本矛盾，但又是互相统一的，只有如此事物才能产生变化，继而生成万物，生生不息地延续下去。阴阳的对立统一，是一切事物的始终。

其次，万物是互为根源、双方共存的。阴、阳双方本身既是独立的，又是对方存在的根源，阴、阳相互依存，相互为用。

第三，阴阳消长、此进彼退。比如季节而言，“寒来暑往，暑往寒来，寒暑相推而成岁焉”。春夏，阳长而阴消；秋冬，阴长而阳消。季节以动态平衡，事物才能合理地发展变化。

第四，阴阳转化、质量互变。对立统一的规

律证明事物内部的矛盾属性，在一定条件下可向其对立面转化。阴阳消长，是量的变化；阴阳转化，是质的变化。在由量变到质变的过程中，阴极生阳，阳极生阴，事物最终完成由量的积累到质的转变。

阴阳学说与现代科学技术的联系很紧密。比如，著名的丹麦物理学尼尔斯·波尔因研究量子理论而荣获了1922年的诺贝尔物理学奖，时年37岁。他是量子力学奠基人之一、哥本哈根学派的"精神领袖"，创立了著名的"波尔学派"。后来，他被丹麦王室册封为贵族，在设计作为贵族标志的家族图徽时，波尔采用了他访问中国时看到的中国古老的太极图，以此作为核心部分，并刻上了"对立既互补"的铭文。在我们中国文化里，就是阴阳相对，既不可分，又可以互相转化。

（二）五行理论

五行理论是四柱八字预测学的核心。是以中国古代朴素唯物主义物质观为依托而产生的。

五行的概念最早见于《尚书·洪范》："五行，一曰水，二曰火，三曰木，四曰金，五曰土。”书中也同时提到了五行各自的特性：“水曰润下，火曰炎上，木曰曲直，金曰从革，土爰稼穑。”即水具有滋润、向下的特性；火具有发热、向上的特性；木具有生长、生发的特性；金具有肃杀、变革的特性；土具有长养、化育的特性。

因此，世界上的物质元素大致可以分成金、木、水、火、土五类。而五行是将一些性质、特性具有相似属性的归纳为一类，总共分成五大类，即金、木、水、火、土。

五行之间是一种相生相克的规律。相生，即事物之间相互促进、助长、生养；相克，事物间相互制约、限制、抑制。五行理论用事物间的相生相克，来解释事物正在进行的变化规律，从而推断事物的未来发展。

五行的生和克，都是一个循环，都是一种因果关系。事物的生成与成长，就是生；事物的衰败与消亡，就是克。此消彼长，宇宙间的事物才能维持正常发展、变化，才能协调事物发展变化的平衡。

五行之间的相生关系是：金生水、水生木、木生火、火生土、土生金。

五行之间的相克关系是：金克木、木克土、土克水、水克火、火克金。

1. 五行之间相生关系

金生水，阴阳五行学说来源于我国中原地带，学说用五行代表五个方位：金代表西方；木代表东方；土代表中原；水代表北方；火代表南方。我国总体地势是西高东低；所以长江、黄河之水都来源于代表金的西方所在方位，因此金生水。

水生木，水能滋润生养树木。

木生火，木材可以燃烧生出火焰。

火生土，火燃烧后形成灰烬，便是土。

土生金，金属金矿都是从土矿中挖掘而出。

这五行相生的关系通过上面的形象解说，相信会给你留下个印象，记忆起来就容易多了。

“生”的另一表现形式为化泄，使生者减力，受生者增力，化泄适宜也为生。

强金得水，方挫其锋。

强木得火，方化其顽。

强水得木，方泄其势。

强火得土，方止其焰。

强土得金，方制其壅。

金能生水，水多金沉。

木能生火，火多木焚。

水能生木，木多水缩。

火能生土，土多火晦。

土能生金，金多土变。

金赖土生，土多金埋。

木赖水生，水多木漂。

水赖金生，金多水浊。

火赖木生，木多火塞。

土赖火生，火多土焦。

2. 五行之间相克关系

金克木，金属物如刀锯、斧头等能砍伐树木。

木克土，治理沙漠要栽植植物、树木以固土，抑制沙土地流动。

土克水，用土垒砌地河坝岸堤可以堵截水，抑制水溢外流。

水克火，现实生活中用水来灭火。

火克金，火能炼金，把金熔化。

相克适宜为生表现为正克，是主克者有力量

制约被克者，双方减力互受益。

金旺得火，方成器皿。

木旺得金，方成栋梁。

水旺得土，方成池沼。

火旺得水，方成相济。

土旺得木，方得疏通。

木能克土，土重木折。

水能克火，火多水干。

火能克金，金多火熄。

土能克水，水多土流。

金弱遇火，必为销熔。木弱逢金，必为砍折。

水弱遇土，必为於塞。火弱遇水，必为熄火。

金刚易折，木过为顽，水狂则滥，火炽则烈，土重则壅。

3. 五行之象、五行特性

古人在长期地生活实践中对金、木、水、火、土五种物质有了朴素认识基础，而后逐步形成理论概念，因此五行实际上已超出了金、木、水、火、土具体物质的本身，而具有更广泛的内涵。

金具有肃杀、坚硬、义气地特性，凡是世界

中具有这样特性的事物，都归纳为金。金从“革名”。从者，顺从、服从也；革者，本栾、改革也。改革、本栾必施以威力，故金具有能柔能刚、延展、本栾、肃杀的特性。金主义。

木具有生发、条达、直来直去地特性，凡是世界中具有这样特性的事物，都归纳为木。木曰“曲直”。曲者，屈也；直者，伸也。故木有能屈能伸之性，木纳水土之气，可生长发育，故木又具有生发、条达、向上、修长、柔和、仁慈之性。木主仁。

水具有寒冷、向下、流动、变化地特性，凡是世界上具有这样特性的事物，都归纳为水。水曰“润下”。润者，湿润也；下者，向下也。故水具有滋润、向下、隐蔽、暗藏地特性。水主智。

火具有灼热、向上、热情、礼仪地特性，凡是世界上具有这样特性的事物，都归纳为火。火曰“炎上”。炎者，热也；上者，向上也。故火有发热、温暖、向上之性，火具有驱寒、除湿、煅炼金属之能，火生于木，其势急，其性烈，其情恭。火主礼。

土具有生养、承载、厚重地特性，凡是世界

上具有这样特性的事物，都归纳为土。土曰“稼穑”。播种为稼，收获为穑，土具有载物、生化、藏纳功能，故土载四方，为万物之田，具有贡献，厚重之性。土主信。

4. 五行主人之性情

木主仁，其性直，其情和。木气中和之人，仁慈乐善、怜悯恻隐、刚直豪气、勤勉朴实；木气过强则顽强固执，偏激执拗；木气过弱则懦弱嫉妒，冷酷无情。

火主礼，其性急，其情恭。火气中和之人，礼让恭敬、热忱坦率、重谊豪迈、乐观进取；火气过强则性躁冲动，逞强霸道；火气过弱则奸巧妒毒，有始无终。

金主义，其性刚，其情烈。金气中和之人，义理分明、仗义疏财、知廉知耻、刚毅果决；金气过强则轻信寡仁，好斗贪欲；金气过弱优柔寡断，作事挫志。

水主智，其性聪，其情善。水气中和的人，足智多谋、明辩是非、博才多艺、反应机巧；水气过强则诡诈阴谋，激进善变；水气过弱则胆怯无谋，胸襟狭窄。

土主信，其性重，其情厚。土气中和之人，诚信敦厚、言行一致、诚信雅量、脚踏实地；土气过强则愚蠢固执，好逸恶劳；土气过弱则言而无信，自私吝啬。

5. 五行的诸种含义

五行在人理上代表的五常：仁、义、礼、智、信。因而是：木主仁、金主义、火主礼、水主智、土主信。

五行代表五色：金主白、木主绿、水主黑、火主红、土主黄。

五行代表五味是：木主酸、土主甜、火主苦、金主辣、水主咸。

五行代表五方：木主东、金主西、火主南、水主北、土主中。

五行代表人体：金为肺、骨骼、经络等；木主神经、毛发、肝胆等；水主血液、泌尿系统、肾脏；火主精神、眼目、心血管系统；土主皮肤、肌肉、脾胃。

三、四柱八字基础知识

（一）干、支等基本知识

根据事物存在的形式和位置，又可将五行分为十天干和十二地支。干在上，代表天体五行；支在下，代表地支五行。

天干地支的由来是这样的——古人认为天是圆形、地是方形的，所以有“天圆地方”之说。天体按纬度划分成十等份，用甲、乙、丙、丁、戊、己、庚、辛、壬、癸来表示。地上按月份划分12个月份，用子、丑、寅、卯、辰、巳、午、未、申、酉、戌、亥来表示。

十天干与十二地支各寓一定的象征意义。先人发明十天干最初的含义大概是这样的：

甲，甲是“壳”，即种子破壳而出，草木破土而出，犹如胎儿出生。阳在内而被阴所包裹。

乙，种子在土里破壳发芽，草木初生，枝叶柔软屈曲。犹如人的童年时期。

丙，明亮、显著之含义，炎炎赤日，万物皆炳而著明，指万物初期的快速生长。好比人的少年时期。

丁，强壮之意，草木成长壮实，好比人的成年时期。

戊，是茂的意思，指万物最茂盛的时期，就像刚结婚的男女。

己，是已的意思，指万物已经开始孕育下一代。

庚，是更的意思，指万物已经衰退，就像进入更年期。

辛，是新的意思，指万物新的种子形成。

壬，妊的意思，指种子被埋进土里就像妊娠。

癸，归、藏的意思。指万物闭藏于地下，准备发芽。

十二地支的含义：

子，即滋生，草木种子，吸土中水分而生，为一阳萌生的开始；

丑，象草木在土中出芽，屈曲着将要冒出地面；

寅，为塞土中屈曲的草木，迎着春阳从地面伸展；

卯，为日照东方，万物滋茂；

辰，即震动；

巳，是开花；

午，已达到旺盛而有了结果；

未，为万物的种子散发出香味儿；

申，是身体，指种子成熟；

酉，是开始老化；

戌，是已开始枯萎；

亥，是核，种子已经藏入地下。

1. 天干地支

十天干具有各自的五行属性：甲、乙属木；丙、丁属火；戊、己属土；庚、辛属金；壬、癸属水。

十天干又有阴阳之分。五阳干：甲、丙、戊、庚、壬；五阴干：乙、丁、己、辛、癸。

天干的阴阳和五行属性分别是：甲阳木，乙阴木；丙阳火，丁阴火；戊阳土，己阴土；庚阳金，辛阴金；壬阳水，癸阴水。

甲为阳木：代表栋梁之木。性质粗壮、强壮。

乙为阴木：泛指矮小花草树木，性质柔软。

丙为阳火：意指猛烈、炙热之火。性猛烈，

如太阳、冶炼之火。

丁为阴火：意指灯火、炉灶之火、灯光等。较柔较弱。

戊为阳土：山川、大地、堤坝之土，粗犷、广博、厚重。

己为阴土：属田园之土，质软肥沃，利于生长。柔弱细腻。

庚为阳金：属金属矿石、粗重的铁器、刀斧等。坚硬无比。

辛为阴金：属沙金、首饰金、工艺金、钱币之金银，温润秀气。

壬为阳水：属江河湖海之水。清浊全容纳，宽宏大度。

癸为阴水：属雨露之水、地下泉水。轻柔内敛。

上面是十天干各自代表的形象物质属性。

天干的相生相克规律依五行相生的法则是：

木生火——甲、乙木生丙、丁火。

火生土——丙、丁火生戊、己土。

土生金——戊、己土生庚、辛金。

金生水——庚、辛金生壬、癸水。

水生木——壬、癸水生甲、乙木。

五行相生之同性相生：（即生与被生同为阳干或阴干。）

木生火——甲木生丙火与乙木生丁火。

火生土——丙火生戊土与丁火生己土。

土生金——戊土生庚金与己土生辛金。

金生水庚金生壬水与辛金生癸水。

水生木壬水生甲木与癸水生乙木。

五行相生之异性相生：（即生与被生一个为阳一个为阴。）

木生火——甲木生丁火、乙木生丙火。

火生土——丙火生己土、丁火生戊土。

土生金——戊土生辛金、己土生庚金。

金生水——庚金生癸水、辛金生壬水。

水生木——壬水生乙木、癸水生甲木。

在相生的关系中，不止是物质“生”下一代的关系，还含有保护、容纳、支持等对其有帮助的关系。

天干相克依五行相克的法则是：

木克土——甲、乙木克戊、己土。

土克水——戊、己土克壬、癸水。

水克火——壬、癸水克丙、丁火。

火克金——丙、丁火克庚、辛金。

金克木——庚、辛金克甲、乙木。

相克也有同性相克与异性相克之别。同性相克力度大，异性相克力度小。

天干同性相克：

木克土——甲木克戊土、乙木克己土。

土克水——戊土克壬水、己土克癸水。

水克火——壬水克丙火、癸水克丁火。

火克金——丙火克庚金、丁火克辛金。

金克木——庚金克甲木、辛金克乙木。

天干异性相克：

木克土——甲木克己土、乙木克戊土。

土克水——戊土克癸水、己土克壬水。

水克火——壬水克丁火、癸水克丙火。

火克金——丙火克辛金、丁火克庚金。

金克木——庚金克乙木、辛金克甲木。

天干相克，对事物来说，是发展过程中的必然程序。

五行的相生相克体现出了阴阳理论的精髓：五种形态不断地变化演绎，从实践观察当中发现的生克关系，恰恰证明了阴阳转换、五行生克过程当中不断变化的关系，或强或弱，或有或无，或利或害，不同物质之间相生相克的结果也不尽相同，这才是物质世界奇妙的本质。

天干还有合化规律，即：甲、己合化土、乙、庚合化金、丙、辛合化水、丁、壬合化木、戊、癸合化火。

相合规律是两干之间原本都是相克的关系，并且都是阳干克阴干：甲克己，成为甲、己相合，庚克乙，成为乙、庚相合，丙克辛，变成丙、辛相合，壬克丁，变成丁、壬相合，戊克癸，变成戊、癸相合。由此可见，天干相合，主要是为了保稳定、促和谐，祈求平安和平衡。

另外，十天干代表地方位是：甲乙东方木；丙丁南方火；戊己中方土；庚辛西方；壬癸北方水。

及其，天干相冲共有四组：甲、庚相冲、乙、辛相冲、壬、丙相冲、癸、丁相冲、戊、己土为无方位，因此无冲。

2. 地支

十二地支的五行分别是：寅、卯是木，巳、午是火，申、酉是金，子、亥是水，辰、丑、未、戌四个全是土，其中辰、丑是湿土，未、戌是干土。

十二地支五行的阴阳：寅是阳木，卯是阴木，午是阳火，巳是阴火，申是阳金，酉是阴金，辰戌是阳土，丑未是阴土，子是阳水，亥是阴水。

地支六冲的表现：

子午相冲，子冲午，又冲又克，午冲子，只冲不克，午显弱势；

卯酉相冲，酉冲卯，又冲又克，卯冲酉，只冲不克，卯显弱势；

寅申相冲，申冲寅，又冲又克，寅冲申，只冲不克，寅显弱势；

巳亥相冲，亥冲巳，又冲又克，巳冲亥，只冲不克，巳显弱势；

辰戌相冲，辰冲戌，又冲又克，戌冲辰，只冲不克，戌显弱势；

丑未相冲，丑冲未，又冲又克，未冲丑，只

冲不克，未显弱势。

3. 十二生肖

中国的生肖是华夏先民动物崇拜、图腾崇拜以及早期天文学的结晶。

十二生肖是我国传统历法当中的重要组成部分，由 12 种动物组成，依次分别是：鼠、牛、虎、兔、龙、蛇、马、羊、猴、鸡、狗、猪。

我国先民从观察天上星宿的排列规律得来生肖一说，可以说它与紫微斗数中的十二宫有关。有人说十二生肖的体态与地支的古字形状有关，所以生肖又与干支有着密不可分的关系。生肖需要融于其他预测学科领域。

十二属相与十二地支的关系：十二属相十二地支相配，组成十二组，用于记年，组合的方法是按照十二属相的依次顺序同十二地支的依次顺序相组合，依次排列为：

子鼠、丑牛、寅虎、卯兔、辰龙、巳蛇、午马、未羊、申猴、酉鸡、戌狗、亥猪。

从统计学上来说，综合十二生肖的特性与缺点，可以作为一个人个性、性格特点的参考，但是要注意只是个概数而已：

鼠：吸引力，社交能力，影响力，智力，俭省，魅力，紧张，权力欲，赘言，狡计，贪得无厌，干预。

牛：正直，创新，有目的，勤勉，稳定，善言，固执，冷漠，偏见，缓慢，报复。

虎：热诚，好运，勇敢，慈善，魅力，权威，冲动，吹嘘，易怒，放纵，不服从，飘荡。

兔：机智，洁癖，谨慎，技巧，长寿，敏捷，德行，秘密，业余，过于拘谨，忧郁，自炫，善良，希望。

龙：力量，热心，成功，胆量，健康，多情，僵直，迷惑，不信任，自夸，不满多言。

蛇：直觉，睿智，吸引力，机敏，谨慎，同情，掩饰，贪得，奢侈，傲慢，懒惰，孤芳自赏。

马：说服力，时尚，自制力，灵敏，受人欢迎，成就，自私，急促，狂妄，急躁，反抗，自负。

羊：发明，奇想，敏感，有礼，毅力，品味，依附，悲观，缺乏远见，不实际，迟缓，担忧。

猴：即兴，领导力，机智，聪慧，稳定，忠

心，狡诈，自信，用计，愚蠢，饶舌，投机。

鸡：弹性，保守，热心，漂亮，坦诚，幽默，傲慢，自炫，夸耀，盲目崇拜，放荡。

狗：持久，责任，英雄气息，聪颖，忠诚，可敬，道德感，不安，嘲讽，批评，不善社交，自以为是，圆滑

猪：审慎，逸乐，勇敢，文化，真挚，诚实，轻信，重物质，愤怒，犹豫，愚顽。

4. 时辰

古人把一天 24 小时划分为 12 个时辰，每个时辰相等于现在的两小时。相传是根据中国十二生肖中的动物的出没时间来命名各个时辰的。

十二个地支配十二个时辰：

时辰北京时间

子时 23：00—1：00

丑时 1：00—3：00

寅时 3：00—5：00

卯时 5：00—7：00

辰时 7：00—9：00

巳时 9：00—11：00

午时 11：00—13：00

未时 13：00—15：00

申时 15：00—17：00

酉时 17：00—19：00

戌时 19：00—21：00

亥时 21：00—23：00

夜里 23 点开始，就要算第二天的日子了。

12 个时辰又对应 12 种动物的特性，这个时辰相传就是根据它们的特性得来的：

子时鼠，最活跃。

丑时牛，此时咀嚼白天没消化的食物。

寅时虎，最猛。

卯时兔，月亮又称玉兔，在这段时间还在天上。

辰时龙，相传这是“群龙行雨”的时候。

巳时蛇，隐蔽在草丛中。

午时马，是阴类动物，这时候最享受。

未时羊，吃草。

申时猴，喜欢啼叫。

酉时鸡，开始归巢。

戌时狗，开始守门口。

亥时猪，正在熟睡。

在四柱八字中，除了要遵循普通的五行相生相克关系之外，还要注意，阴阳不同的五行相生能力较强，阴阳不同的五行相克能力也较强。

添加了十二时辰的“四柱”法，增加了更多的信息量，使得演算对象的种类，增加到了几十万种，更加上出生地点、出生季节，乃至产妇坐床方位等环境条件的不同，对于演算对象的分析也便有了更大的可能性，使得命理学成为一个集确定性与灵活性于一体的演算系统。

（二）生、克、制化等传统知识

1. 合、冲、刑、害、破

五行生克制化、刑冲合害是命理学的基本大法，它是通往命理学宫殿的必由之路。命理虽然奥妙深邃，但是无一不是和五行的生克息息相关。因此在实际预测中，我们必须对五行生克制化、刑冲合害娴熟于胸。五行生克是四柱八字生克制化、刑冲合害的核心和实质；生克制化、刑冲合害是生克的特殊表现形式。

天干和地支因为数量的不同，所以不是一一对应的，每个地支包含有一个或多个特定的天干，从而包含一种或多种的阴阳五行，这叫做“地支藏干”。每个地支藏干，按照强弱来分可分为“本气”、“杂气”和“余气”。

地支	本气	杂气	余气	月令用事
子	癸水			壬水
丑	己土	辛金	癸水	
寅	甲木	丙火	戊土	
卯	乙木			甲木
辰	戊土	癸水	乙木	
巳	丙火	庚金	戊土	
午	丁火	己土		丙火
未	己土	乙木	丁火	
申	庚金	壬水	戊土	
酉	辛金			庚金
戌	戊土	丁火	辛金	
亥	壬水	甲木		戊土

合、冲、刑、害、破是天干与天干，或者地支与地支之间的作用关系，引发的干支转化、受伤等的效果，推命中用以分析与命主有关的事件。

合，分为天干的合、地支的会、三合、六合和暗合。

合（天干）

甲、己合化土

乙、庚合化金

丙、辛合化水

丁、壬合化木

戊、癸合化火

合化成功必须有特定的环境配合，否则“合而不化，两失其用”。

会（地支）

寅卯辰会东方木局

巳午未会南方火局

申酉戌会西方金局

亥子丑会北方水局

若三个地支齐全，则成全会局，力量极大。如寅卯辰齐全，则全会木局，木之力量极大。

若缺少任何一个地支，则成半会（半个会

局)，力量很强。如只得寅辰，则半会木局，木之力量很强。

三合（地支）

亥卯未三合木

寅午戌三合火

巳酉丑三合金

申子辰三合水

若三个地支齐全，则成全三合局，力量非常大。如亥卯未齐全，则三合全木局，木之力量非常大。

若缺少第一个地支或第三个地支，则成半合(半个三合局)，力量颇强。如只得亥卯，则半合木局，木之力量颇强。

若缺少中间的地支，则未能成为合局；但若透出（拱出）所属五行的天干，则成拱局，力量十分大。如只得亥未，则未能合成木局；但若透出（拱出）甲木或乙木，则成拱木局，木之力量十分大。

六合（地支）

子丑合土

寅亥合木

卯戌合火

辰酉合金

巳申合水

午未合火

六合的力量稍强。

暗合（地支）

卯申合，因为卯的主气为乙，申的主气为庚，乙庚合，故卯申暗合金

午亥合，因为午的主气为丁，亥的主气为壬，丁壬合，故午亥暗合木

暗合的力量略强。

冲，表示攻击。强势的一方会胜出弱势的一方；若势力均等，受克的一方则败。

子午冲

丑未冲

寅申冲

卯酉冲

辰戌冲

巳亥冲

刑，是另一种攻击，力量较冲弱。刑包括自刑、相刑和三刑。

自刑

辰辰自刑

午午自刑

酉酉自刑

亥亥自刑

相刑

无恩之刑

寅刑巳

巳刑申

申刑寅

恃势之刑

未刑丑

丑刑戌

戌刑未

无礼之刑

子刑卯

卯刑子

三刑

寅巳申三刑

丑未戌三刑

害，又称相害、穿，是另一种攻击，力量较

冲弱。

子、未害（子、未相害）（子、未穿）

丑、午害（丑、午相害）（丑、午穿）

寅、巳害（寅、巳相害）（寅、巳穿）

卯、辰害（卯、辰相害）（卯、辰穿）

申、亥害（申、亥相害）（申、亥穿）

酉、戌害（酉、戌相害）（酉、戌穿）

破，是另一种攻击，力量较冲弱。

子、酉破（子、酉相破）

卯、午破（卯、午相破）

辰、丑破（辰、丑相破）

未、戌破（未、戌相破）

寅、亥破（寅、亥相破）

巳、申破（巳、申相破）

2. 十神

根据阴阳五行的生克制化关系，八字中每个天干和地支中包含的天干和日干之间的生克影响关系，用十个专用名词来表示，这就是十神。

十神中分为两组——正星和偏星。正星为正官，正财，正印（印绶），食神，比肩。偏星为偏官（七杀、鬼），偏财，偏印（枭印、枭神），伤官，劫财。

满足以下条件的八字部分叫做正星：生助，克制或被日干五行所克制，阴阳不同；与日干五行相同或者被日干五行所生助，阴阳相同。

满足以下条件的八字部分叫做偏星：生助，克制或被日干五行所克制，阴阳相同；与日干五行相同或者被日干五行所生助，阴阳不同。

《天干十神表》

日主天干	甲	乙	丙	丁	戊	己	庚	辛	壬	癸
甲	比肩	劫财	偏印	正印	七杀	正官	偏财	正财	食神	伤官
乙	劫财	比肩	正印	偏印	正官	七杀	正财	偏财	伤官	食神
丙	食神	伤官	比肩	劫财	偏印	正印	七杀	正官	偏财	正财
丁	伤官	食神	劫财	比肩	正印	偏印	正官	七杀	正财	偏财
戊	偏财	正财	食神	伤官	比肩	劫财	偏印	正印	七杀	正官
己	正财	偏财	伤官	食神	劫财	比肩	正印	偏印	正官	七杀
庚	七杀	正官	偏财	正财	食神	伤官	比肩	劫财	偏印	正印
辛	正官	七杀	正财	偏财	伤官	食神	劫财	比肩	正印	偏印
壬	偏印	正印	七杀	正官	偏财	正财	食神	伤官	比肩	劫财
癸	正印	偏印	正官	七杀	正财	偏财	伤官	食神	劫财	比肩

《地支十神表》

地支日主	甲	乙	丙	丁	戊	己	庚	辛	壬	癸
子	正印	偏印	正官	七杀	正财	偏财	伤官	食神	劫财	比肩
丑	正财	偏财	伤官	食神	劫财	比肩	正印	偏印	正官	七杀
寅	比肩	劫财	偏印	正印	七杀	正官	偏财	正财	食神	伤官
卯	劫财	比肩	正印	偏印	正官	七杀	正财	偏财	伤官	食神
辰	偏财	正财	食神	伤官	比肩	劫财	偏印	正印	七杀	正官
巳	伤官	食神	劫财	比肩	正印	偏印	正官	七杀	正财	偏财
午	食神	伤官	比肩	劫财	偏印	正印	七杀	正官	偏财	正财
未	正财	偏财	伤官	食神	劫财	比肩	正印	偏印	正官	七杀
申	七杀	正官	偏财	正财	食神	伤官	比肩	劫财	偏印	正印
酉	正官	七杀	正财	偏财	伤官	食神	劫财	比肩	正印	偏印
戌	偏财	正财	食神	伤官	比肩	劫财	偏印	正印	七杀	正官
亥	偏印	正印	七杀	正官	偏财	正财	食神	伤官	比肩	劫财

十神的判断方法

正官是五行克制日干的正星，正印是五行生日干的正星，正财是五行被日干所克的正星，比肩是五行和日干相同的正星，食神是五行被日干生助的正星。

偏官是五行克制日干的偏星，偏印是五行生日干的偏星，偏财是五行被日干所克的偏星，劫财是五行和日干相同的偏星，伤官是五行被日干生助的偏星。

	年柱	月柱	日柱	时柱
天干	甲（食神）	丁（正财）	壬（日干）	庚（偏印）
地支	寅	丑	午	子
地支本气	甲（食神）	己（正官）	丁（正财）	癸（劫财）
地支杂气	丙（偏财）	辛（正印）	己（正官）	
地支余气	戊（偏官）	癸（劫财）		

下表归纳了所有日干（第一行的天干）和天干搭配时所处的状态：

天干／十神	甲	乙	丙	丁	戊	己	庚	辛	壬	癸
比肩	甲	乙	丙	丁	戊	己	庚	辛	壬	癸
劫财	乙	甲	丁	丙	己	戊	辛	庚	癸	壬
食神	丙	丁	戊	己	庚	辛	壬	癸	甲	乙
伤官	丁	丙	己	戊	辛	庚	癸	壬	乙	甲
偏财	戊	己	庚	辛	壬	癸	甲	乙	丙	丁
正财	己	戊	辛	庚	癸	壬	乙	甲	丁	丙
偏官	庚	辛	壬	癸	甲	乙	丙	丁	戊	己

正官	辛	庚	癸	壬	乙	甲	丁	丙	己	戊
偏印	壬	癸	甲	乙	丙	丁	戊	己	庚	辛
正印	癸	壬	乙	甲	丁	丙	己	戊	辛	庚

十神制化

正如五行一样，十神相互产生制化作用：

相生关系：正财偏财 生 正官偏官 生 正印偏印 生 劫财比肩 生 伤官食神 生 正财偏财

相克关系：正财偏财 克 正印偏印 克 伤官食神 克 正官偏官 克 劫财比肩 克 正财偏财

实际上十神的生克关系也可以从五行中得出。

十神简写

为节省时间，令计算过程更简便，十神有既定的简写：

十神	比肩	劫财	食神	伤官	偏财	正财	偏官	正官	偏印	正印
简写	比	劫	食	伤	才	财	杀	官	鄵	印

命理学之“定十神口诀”：

天干造就地支排，

克我为官我克财。
生我正印和偏印，
我生食神伤官来。
同类同性为比肩，
同类异性为劫财。
日干为主元神定，
余下七字十神排。
五行分野看四季，
旺相休囚死中派。
财官福印对元神，
取用扶抑看旺衰。

十神的功能

正官功能：

正官与日干的关系：正官是克制我（日干）的。是阳干见阴干克，或阴干见阳干克。

正官的职能：是善意之管，譬如人类，必须遵从政府与法律管束。正官一般以吉神论。

正官的扶抑能力：卫财，生印，抑身，制劫。身强财弱，正官生印。日干旺盛，正官拘身。日旺劫多，正官制劫。

七杀功能：

七杀与日干的关系：七杀是克制我（日干）的，是阳干见阳干，阴干见阴干。

七杀的职能：杀身之对手，专以攻身为尚，若无礼法制裁，必伤其主（日干），故有制（有食神，伤官克制）谓之偏官，无制谓之七杀。一般以凶神论。

七杀的扶抑能力：耗财，生印，攻身，制劫。日强财弱，七杀耗财。日强印轻，七杀生印。印轻财重，七杀攻身。日强劫多，七杀制劫。

正、偏财功能：

正、偏财与日干的关系：正、偏财是受我（日干）克制的。正财是阳干见阴干，阴干见阳干；偏财是阳干见阳干，阴干见阴干。

正、偏财职能：是养命之源，人人所欲，但非人人所得，古今皆然。一般以吉神论。

正、偏财的扶抑能力：生官杀，泄食伤，制鄡神，坏正印。日旺官杀弱，财生官杀。日旺财弱，财泄食伤。日旺鄡神旺，偏财制鄡神。日旺正印旺，正财坏正印。

正、偏印功能：

正、偏印与日干的关系：正、偏印是生我（日干）的。正印是阳干见阴干，阴干见阳干；偏印是阳干见阳干，阴干见阴干。

正、偏印职能：我之气源，如父母生身之义。正印一般为吉神，偏印一般为凶神，见食而夺为鼎神之故。

正偏印的扶抑能力：生身，泄官杀，御伤，挫食。日弱官杀强，印星泄官杀生身。日弱食伤重，正印御伤，偏印挫食。

食神、伤官功能：

食神、伤官与日干的关系：食、伤是我（日干）所生的。伤官是阳干见阴干，或阴干见阳干；食神是阳干见阳干，阴干见阴干。

食神、伤官的职能：伤见官仗势欺之，放任日干于理法之外，故一般以凶神论；食见杀则能制服，使日干得以安然无故，一般以吉神论。

食神、伤官的扶抑能力：泄身，生财，敌杀，损官。身强财官弱，食伤泄身。身强财弱，食伤生财。身弱官杀重，食伤敌杀损官。

比肩、劫财功能：

比肩、劫财与日干的关系：比、劫与我（日

干）同类。劫财是阳干见阴干，或阴干见阳干；比肩是阳干见阳干，阴干见阴干。

比肩、劫财的职能：财之敌。日旺一般以凶神论。

比肩、劫财的扶抑能力：帮身，任官杀，化泄，夺财。日弱有比、劫帮身，日弱有比、劫任官杀，日弱有比、劫不怕化泄，日旺有比、劫夺财。

六亲

八字中的十神代表命主的六亲，男命女命有不同之处。有时候也要参考宫位以定命主六亲。

男命

父亲：偏财（无偏财取正财）

母亲：正印（无正印取偏印）

兄弟：比肩

姊妹：劫财

妻子：正财（无正财取偏财）

儿子：七杀

女儿：正官

女命

父亲：偏财（无偏财取正财）

母亲：正印（无正印取偏印）

兄弟：劫财

姊妹：比肩

丈夫：正官（无正官取七杀）

儿子：伤官

女儿：食神

十神预测的范围

正印、偏印（生我的干支）：测母亲，本人的名声名气、人品、才华、文凭、心地善恶等等。

食神、伤官（我生的干支）：测子女情况，本人的技术、口才等素质。

正财、偏财（我克的干支）：测父亲的情况，本人的财运，男性的八字测妻子。

正官、七杀（克我的干支）：测本人的官运，工作、事业、官灾、女性的八字兼测婚姻。

比肩、比劫（与我相同）：测兄弟姐妹、同辈人、同事关系、邻居、为人等。

3. 寄生十二宫

寄生十二宫，也被称为阴阳十二宫、长生十

二宫、十二长生等，是天干的12种衰旺状态，分别是：长生、沐浴、冠带、临官、帝旺、衰、病、死、墓、绝、胎、养，口诀是“生沐带官，旺衰病死，墓绝胎养”。它是先人研究命理中判断日干在月干所处状态的主要工具，是传统命理的重要依据。当今易学界对于十天干生旺死绝表用法观点不一。从最早考古记载的战国时期的“天水放马滩秦简”来看，当时已经是人们研究命理的依据了。值得注意的是，生旺的状态不一定好，死绝的状态也不一定坏，具体要联系八字里面的其他部分作出分析。因此，十二宫不能单独作为评论命运的依据。

十二长生较常用于一柱论命、批算六亲性格等的技巧。

下表归纳了所有天干和地支搭配时所处的状态：

天干 / 十二宫	甲	乙	丙	丁	戊	己	庚	辛	壬	癸
长生	亥	午	寅	酉	寅	酉	巳	子	申	卯
沐浴	子	巳	卯	申	卯	申	午	亥	酉	寅

冠带	丑	辰	辰	未	辰	未	未	戌	戌	丑
临官	寅	卯	巳	午	巳	午	申	酉	亥	子
帝旺	卯	寅	午	巳	午	巳	酉	申	子	亥
衰	辰	丑	未	辰	未	辰	戌	未	丑	戌
病	巳	子	申	卯	申	卯	亥	午	寅	酉
死	午	亥	酉	寅	酉	寅	子	巳	卯	申
墓	未	戌	戌	丑	戌	丑	丑	辰	辰	未
绝	申	酉	亥	子	亥	子	寅	卯	巳	午
胎	酉	申	子	亥	子	亥	卯	寅	午	巳
养	戌	未	丑	戌	丑	戌	辰	丑	未	辰

阳干（甲、丙、戊、庚、壬）的长生在驿马位（寅、申、巳、亥），并顺行排列余下的12长生。

阴干（乙、丁、己、辛、癸）的长生在桃花位（子、午、卯、酉），并逆行排列余下的12长生。

“长生”像人的降生，喻指万物萌发。

“沐浴”为降生的婴儿洗去污垢，指万物出生，承受大自然沐浴。

“冠带”为小儿可穿衣戴帽了，是指万物

渐荣。

"临官"可以为官造福百姓阶段，指万物已长成。

"帝旺"象征人壮盛到极点，可辅助帝王大有作为，指万物成熟。

"衰"万物开始发生衰变。

"病"如人患病，万物困顿。

"死"人气已尽，指万物死灭。

"墓"也称"库"，如人死后归入于墓，是指万物成功后归库。

"绝"形体灭、化归为土，指万物前气已绝，后继之气还未到来，在地中未有其象。

"胎"如人受父母之气结聚成胎，是指天地气交之际，后继之气来临，并且受胎。

"养"像人养胎于母腹之中，之后又出生，是指万物在地中成形，继而又萌发，又得经历一个生生灭灭永不停止的天道循环过程。

4. 大运、小运和流年

按照八字可以把一个人一生的运程分为大运、小运及流年几个阶段。大运管 10 年，由生月的干支顺推或逆推。小运及流年管1年，小运是在命盘推断出来，而流年由每年黄历的干支与命盘交参作判断。如果遇到与自己出生年相同、相冲、相刑的地支便称为犯太岁。

大运

大运管十年，每个人每10年都有不同的大运，大运也由天干地支构成。人的大运10年一变，是以古语有云："十年河东，十年河西。"大运又称为大限，一般人所谓的大限将至，指的是生死大限，因为古时候人的寿命很短，正所谓人生七十古来稀，60多岁通常逢第六大限，此大限被古人认为非常难度。

大运的查法

年干为阳（甲、丙、戊、庚、壬）的男性或者年干为阴（乙、丁、己、辛、癸）的女性，从出生的时辰开始顺着数，直到下一个节气为止，时辰的总数再乘以十，再换算成年，这就是此人交大运的岁数。大运的干支等于命主的月柱顺着推一格。

年干为阴的男性或者年干为阳的女性，逆着数，直到上一个节气为止，时辰总数乘以十，再换算成年，这就是此人交大运的岁数。大运的干支等于命主的月柱逆着推一格。

大运的天干和地支各管5年运程，天干管头5年，地支管后5年。看天干时可以结合地支一起看，看地支时可以撇开天干不管。

小运

一个小运只管1年吉凶，每个人出生下来就开始交小运，每年的小运都不同，具有不同的干支。

在上运前，多参照小运以批断流年吉凶事件；上运后，则多参照大运和流年。

小运的查法

男命阳年和女命阴年：从时辰干支顺着推。

男命阴年和女命阳年：从时辰干支逆着推。

流年

流年是指一个人每年的运气与际遇。人的命运会受自然环境的变动影响，流年的变化单位也是以12或60为一个循环。

流年就是每年的干支。一个流年对应一个游行太岁。命主的命盘和太岁不和，运气较差；命盘和太岁相和，运气较好。

大运和流年的时空观：从时间上讲：万事万物的发展过程都经历12个阶段，长生、沐浴、冠带、临官、帝旺、衰、病、死、墓、绝、胎、养。在太阳系内的事物都要经历12阶段，木、火、土、金、水五行同样经历十二长生过程，十二长生阶段随着太阳位置变化而变化，五行随月令变化而变化，五行变化决定人生变化，地球事物的五行12时辰一个小周期循环变化，12个月一个大的周期循环变化，五行分阴阳10个天干，一个完整的五行循环是10个阶段，10年完成一个完整的阴阳五行的大流转。

从空间上讲，大运是根据出生时间距离节气的远近而确定的，一年12个月24个节气，决定的是地球绕太阳公转时的位置，大运以月令作为出发点排出，月令也决定着个人或事物的出发点。出发点一定下来，后面的发展路径也就定下来了，这就是“大运”。至于这条路径是平坦大路还是曲折弯曲的小路，是好走还是不好走，就要由大运流年与四柱的作用关系决定。

5. 用神

用神就是看一个人生辰八字中年、月、时的天干五行生克对日主天干五行生克的影响，如果对日主生大于克，则称为喜用神，如果对日主克大于生，则称为忌神。

取用神是八字重要的一环，目前的八字命学用神的取用方法有四种，即通关、扶抑、调侯、病药方法，即先观日主身强弱之分，然后根据旺者宜抑、衰者宜扶的取用法则，即对日主有益之物，而且每一字均有可能是用神。但在清朝沈孝瞻的《子平真诠》，有专论用神一章，里面提及八字用神以月令为主，而且用神有善与不善之分别，用神之善（财官印食），顺而用之（煞伤刃劫），用神不善，逆而用之。另外，《渊海子平》《三命通会》《神峰通考》等书指出取用神以月令（提纲）所藏之神为用，即以格局为主。

6. 八格

八字的格局主要为正格和特别格局。

正格一般又称为普通格局，分为八种，正官

格、七杀格、正财格、偏财格、正印格、偏印格、食神格、伤官格。

特别格局，也被称为外格，古书一般称之为从格，可细分为从财格、从杀格、从化格、从势格、专旺格（从强格）等。从格的喜忌与一般正格不同，一般格局下喜神的选择均以能够保持八字中五行平和为主，但在从格中这种喜神的选择被打破，因日主已经顺从某种五行故此喜神的选择应以日主所从之五行为佳。

建禄格（月支主气为比肩）和阳刃格（月支主气为劫财）较受争议，有人认为属于正格，有人则认为属于外格。

八格取法

1）月支本气透于天干，如寅月透甲，卯月透乙，辰月透戌，巳月透丙，午月透丁，未月透己，申月透庚，酉月透辛，戌月透亥，亥月透壬。

2）干上未透月支本气，而透月支所藏之神，即以该神取为格局。如寅月未透甲木于干上，而透丙或透戊，则可取丙或戊为格。若支藏两神，并透干上，则斟酌其一，以有力而无克合者为上。

3）月支本气未透，月内所藏之神，亦不透，以月内人元，轻重较量，择一有力而无克合者为格。

4）比劫不能取格，禄刃非在八格之内。

八格详例

甲生子月，干透癸水，为正印格，不透亦可取。

甲生丑月，干透己土，为正财格，透癸水，为正印格，透辛金，为正官格。若己、癸、辛皆不透，亦可酌取其一。

甲生寅月，寅为甲禄，非在八格之内，详于外格篇中。

甲生卯月，卯为劫刃，非在八格之内，详于外格篇中。

甲生辰月，干透戊土，为偏财格，透癸水，为正印格。若戊、癸皆不透，亦可酌取其一。

甲生巳月，干透丙火，为食神格，透庚金，为七杀格，透戊土为偏财格。若丙、庚、戊皆不透，亦可酌取其一。

甲生午月，干透丁火，为伤官格，透己土，为正财格。若丁、己皆不透，亦可酌取其一。

甲生未月，干透己土，为正财格，透丁火，

为伤官格。若丁、己皆不透，亦可酌取其一。

甲生申月，干透庚金，为七杀格，透戊土，为偏财格，透壬水，为偏印格。若庚、壬、戊皆不透，亦可酌取其一。

甲生酉月，干透辛金，为正官格，不透亦可取。

甲生戌月，干透戊土，为偏财格，透辛金，为正官格，透丁火，为伤官格。若辛、丁、戊皆不透，亦可酌取其一。

甲生亥月，干透壬水，为偏印格，不透亦可取。

乙生子月，干透癸水，为偏印格。不透亦可取。

乙生丑月，干透己土，为偏财格，透辛金，为七杀格，透癸水，为偏印格。若己、癸、辛皆不透，亦可酌取其一。

乙生寅月，干透戊土，为正财格，透丙火，为伤官格，若丙、戊皆不透，亦可酌取其一。

乙生卯月，卯为乙禄，非在八格之内，详于外格篇中。

乙生辰月，干透戊土，为正财格，透癸水，

为偏印格，若戊、癸皆不透，亦可酌取其一。

乙生巳月，干透丙火，为伤官格，透庚金，为正官格，透戊土，为正财格。若丙、庚、戊皆不透，亦可酌取其一。

乙生午月，干透丁火，为食神格，透己土，为偏财格，若丁、己皆不透，亦可酌取其一。

乙生未月，干透己土，为偏财格，透丁火，为食神格，若丁、己皆不透，亦可酌取其一。

乙生申月，干透庚金，为正官格，透戊土，为正财格，透壬水，为正印格。若庚、壬、戊皆不透，亦可酌取其一。

乙生酉月，干透辛金，为七杀格。不透亦可取。

乙生戌月，干透辛金，为七杀格，透戊土，为正财格，透丁火，为食神格。若辛、丁、戊皆不透，亦可酌取其一。

乙生亥月，干透壬水，为正印格。不透亦可取。

丙生子月，干透癸水，为正官格，不透亦可取。

丙生丑月，干透己土，为伤官格，透辛金，

为正财格，透癸水，为正官格。若己、癸、辛皆不透，亦可酌取其一。

丙生寅月，干透甲木，为偏印格，透戊土，为食神格。若甲、戊、皆不透，亦可酌取其一。

丙生卯月，干透乙木，为正印格，不透亦可取。

丙生辰月，干透戊土，为食神格，透乙木，为正印格，透癸水，为正官格。若戊、乙、癸皆不透，亦可酌取其一。

丙生巳月，巳为丙禄，非在八格之内，详于外格篇中。

丙生午月，干透己土，为伤官格，不透亦可取。

丙生未月，干透己土，为伤官格，透乙木，为正印格。若乙、己皆不透，亦可酌取其一。

丙生申月，干透庚金，为偏财格，透戊土，为食神格，透壬水，为七杀格。若庚、壬、戊皆不透，亦可酌取其一。

丙生酉月，干透辛金，为正财格，不透亦可取。

丙生戌月，干透戊土，为食神格，透辛金，

为正财格。若戊、辛皆不透，亦可酌取其一。

丙生亥月，干透壬水，为七杀格，透甲木，为偏印格。若壬、甲皆不透，亦可酌取其一。

丁生子月，干透癸水，为七杀格，不透亦可取。

丁生丑月，干透己土，为食神格，透辛金，为偏财格，透癸水，为七杀格。若己、癸、辛皆不透，亦可酌取其一。

丁生寅月，干透甲木，为正印格，透戊土，为伤官格。若甲、戊皆不透，亦可酌取其一。

丁生卯月，干透乙木，为偏印格，不透亦可取。

丁生辰月，干透戊土，为伤官格，透乙木，为偏印格，透癸水，为七杀格。若乙、戊、癸皆不透，亦可酌取其一。

丁生巳月，干透庚金，为正财格，透戊土，为伤官格。若戊、庚皆不透，亦可酌取其一。

丁生午月，午为丁禄，非在八格之内，详于外格篇中。

丁生未月，干透己土，为食神格，透乙木，为偏印格。若乙、己皆不透，亦可酌取其一。

丁生申月，干透庚金，为正财格，透壬水，为正官格，透戊土，为伤官格。若庚、壬、戊皆不透，亦可酌取其一。

丁生酉月，干透辛金，为偏财格，不透亦可取。

丁生戌月，干透辛金，为偏财格，透戊土，为伤官格。若戊、辛皆不透，亦可酌取其一。

丁生亥月，干透壬水，为正官格，透甲木，为正印格。若壬、甲皆不透，亦可酌取其一。

戊生子月，干透癸水，为正财格。不透亦可取。

戊生丑月，干透癸水，为正财格，透辛金，为伤官格。若辛、癸皆不透，亦可酌取其一。

戊生寅月，干透甲木，为七杀格，透丙火，为偏印格。若丙、甲皆不透，亦可酌取其一。

戊生卯月，干透乙木，为正官格。不透亦可取。

戊生辰月，干透乙木，为正官格，透癸水，为正财格。若乙、癸皆不透，亦可酌取其一。

戊生巳月，巳为戊禄，非在八格之内，详于外格篇中。

戊生午月，干透丁火，为正印格。不透亦可取。

戊生未月，干透乙木，为正官格，透丁火，为正印格。若乙、丁皆不透，亦可酌取其一。

戊生申月，干透庚金，为食神格，透壬水，为偏财格。若庚、壬皆不透，亦可酌取其一。

戊生酉月，干透辛金，为伤官格。不透亦可取。

戊生戌月，干透辛金，为伤官格，透丁火，为正印格。若辛、丁皆不透，亦可酌取其一。

戊生亥月，干透壬水，为偏财格，透甲木，为七杀格。若壬、甲皆不透，亦可酌取其一。

己生子月，干透癸水，为偏财格。不透亦可取。

己生丑月，干透辛金，为食神格，透癸水，为偏财格。若辛、癸皆不透，亦可酌取其一。

己生寅月，干透甲木，为正官格，透丙火，为正印格。若甲、丙皆不透，亦可酌取其一。

己生卯月，干透乙木，为七杀格。不透亦可取。

己生辰月，干透乙木，为七杀格，透癸水，

为偏财格。若乙、癸皆不透，亦可酌取其一。

己生巳月，干透丙火，为正印格，透庚金，为伤官格。若丙、庚皆不透，亦可酌取其一。

己生午月，午为己禄，非在八格之内，详于外格篇中。

己生未月，干透乙木，为七杀格，透丁火，为偏印格。若乙、丁皆不透，亦可酌取其一。

己生申月，干透庚金，为伤官格，透壬水，为正财格。若庚、壬皆不透，亦可酌取其一。

己生酉月，干透辛金，为食神格。不透亦可取。

己生戌月，干透丁火，为偏印格，透辛金，为食神格。若丁、辛皆不透，亦可酌取其一。

己生亥月，干透壬水，为正财格，透甲木，为正官格。若壬、甲皆不透，亦可酌取其一。

庚生子月，干透癸水，为伤官格。不透亦可取。

庚生丑月，干透己土，为正印格，透癸水，为伤官格。若己、癸皆不透，亦可酌取其一。

庚生寅月，干透甲木，为偏财格，透丙火，为七杀格，透戊土，为偏印格。若甲、丙、戊皆不透，亦可酌取其一。

庚生卯月，干透乙木，为正财格。不透亦可取。

庚生辰月，干透乙木，为正财格，透癸水，为伤官格，透戊土，为偏印格。若乙、戊、癸皆不透，亦可酌取其一。

庚生巳月，干透丙火，为七杀格，透戊土，为偏印格。若丙、戊皆不透，亦可酌取其一。

庚生午月，干透丁火，为正官格，透己土，为正印格。若丁、己皆不透，亦可酌取其一。

庚生未月，干透乙木，为正财格，透丁火，为正官格，透己土，为正印格。若乙、己、丁皆不透，亦可酌取其一。

庚生申月，申为庚禄，非在八格之内，详于外格篇中。

庚生酉月，酉为劫刃，非在八格之内，详于外格篇中。

庚生戌月，干透丁火，为正官格，透戊土，为偏印格。若丁、戊皆不透，亦可酌取其一。

庚生亥月，干透甲木，为偏财格，透壬水，为食神格。若壬、甲皆不透，亦可酌取其一。

辛生子月，干透癸水，为食神格。不透亦可取。

辛生丑月，干透己土，为偏印格，透癸水，为食神格。若己、癸皆不透，亦可酌取其一。

辛生寅月，干透甲木，为正财格，透丙火，为正官格，透戊土，为正印格。若甲、丙、戊皆不透，亦可酌取其一。

辛生卯月，干透乙木，为偏财格。不透亦可取。

辛生辰月，干透乙木，为偏财格，透癸水，为食神格，透戊土，为正印格。若乙、戊、癸皆不透，亦可酌取其一。

辛生巳月，干透丙火，为正官格，透戊土，为正印格。若丙、戊皆不透，亦可酌取其一。

辛生午月，干透丁火，为七杀格，透己土，为偏印格。若丁、己皆不透，亦可酌取其一。

辛生未月，干透乙木，为偏财格，透丁火，为七杀格，透己土，为偏印格。若乙、己、丁皆不透，亦可酌取其一。

辛生申月，干透壬水，为伤官格，透戊土，为偏印格。若戊、壬皆不透，亦可酌取其一。

辛生酉月，酉为辛禄，非在八格之内，详于外格篇中。

辛生戌月，干透丁火，为七杀格，透戊土，为正印格。若丁、戊皆不透，亦可酌取其一。

辛生亥月，干透甲木，为正财格，透壬水，为伤官格。若壬、甲皆不透，亦可酌取其一。

壬生子月，子为劫刃，非在八格之内，详于外格篇中。

壬生丑月，干透己土，为正官格，透辛金，为正印格。若己、癸、皆不透，亦可酌取其一。

壬生寅月，干透甲木，为食神格，透丙火，为偏财格，透戊土，为七杀格。若甲、丙、戊皆不透，亦可酌取其一。

壬生卯月，干透乙木，为伤官格。不透亦可取。

壬生辰月，干透乙木，为伤官格，透戊土，为七杀格。若乙、戊皆不透，亦可酌取其一。

壬生巳月，干透丙火，为偏财格，透戊土，为七杀格，透庚金，为偏印格。若丙、戊、庚皆不透，亦可酌取其一。

壬生午月，干透丁火，为正财格，透己土，

为正官格。若丁、己皆不透，亦可酌取其一。

壬生未月，干透乙木，为伤官格，透丁火，为正财格，透己土，为正官格。若乙、己、丁皆不透，亦可酌取其一。

壬生申月，干透庚金，为偏印格，透戊土，为七杀格。若戊、壬皆不透，亦可酌取其一。

壬生酉月，干透辛金，为正印格。不透亦可取。

壬生戌月，干透丁火，为正财格，透戊土，为七杀格，透辛金，为正印格。若丁、戊、辛皆不透，亦可酌取其一。

壬生亥月，亥为壬禄，非在八格之内，详于外格篇中。

癸生子月，子为癸禄，非在八格之内，详于外格篇中。

癸生丑月，干透己土，为七杀格，透辛金，为偏印格。若己、癸皆不透，亦可酌取其一。

癸生寅月，干透甲木，为伤官格，透丙火，为正财格，透戊土，为正官格。若甲、丙、戊皆不透，亦可酌取其一。

癸生卯月，干透乙木，为食神格。不透亦

可取。

癸生辰月，干透乙木，为食神格，透戊土，为正官格。若乙、戊皆不透，亦可酌取其一。

癸生巳月，干透丙火，为正财格，透戊土，为正官格，透庚金，为正印格。若丙、戊、庚皆不透，亦可酌取其一。

癸生午月，干透丁火，为偏财格，透己土，为七杀格。若丁己皆不透，亦可酌取其一。

癸生未月，干透乙木，为食神格，透丁火，为偏财格，透己土，为七杀格。若乙、己、丁皆不透，亦可酌取其一。

癸生申月，干透庚金，为正印格，透戊土，为正官格。若戊、壬皆不透，亦可酌取其一。

癸生酉月，干透辛金，为偏印格。不透亦可取。

癸生戌月，干透丁火，为偏财格，透戊土，为正官格，透辛金，为偏印格。若丁、戊、辛皆不透，亦可酌取其一。

癸生亥月，干透甲木，为伤官格。不透亦可取。

7. 四柱八字常用术语

比劫帮身

比肩、劫财与日干属同类之物，均可助日干之力，如甲见甲（比）、乙（劫）、寅（禄）、卯（刃）之类，正如一个人打不过人家，有兄弟帮忙或壮胆，就能打过人家。日干弱，不能胜任财官伤食之消耗，柱见比劫则为喜，如柱中财多身弱，喜比劫帮身克财；柱中官杀旺而身弱，喜比劫帮身敌官杀；柱中伤食旺而身弱，喜比劫帮身泄气也，行运亦如之。人命逢之，兄弟有情，朋友得助，社会关系良好，发达亦是必靠兄弟朋友之助。日干本强，又见比劫来帮身，则为祸也。

比劫夺财

又叫“比劫争财”。日干强，柱又有多比劫，则比劫之帮身却为凶兆，盖旺上加旺，物极必反，柱中财星本为日干所享，却被比劫争夺去，行运亦如。比劫过旺，须官杀制伏比劫方为福。人命逢比劫夺财，一生财物每多虚耗，经济观念不强，浪费成性，且一生又多遇小人夺财，兄弟无情义，行运遇此，主多遭人算计而破败。柱中日干强，比劫多而成为忌神，须柱有官杀制之，行运亦宜官杀旺乡。

财多身弱

又叫“财旺身衰”。柱中日干弱而偏正财之力强，日主不能胜任之，其财反不能享，如三岁小儿要挑一百斤东西。凡财多身弱者，而柱中又有官杀，则财生官杀来克日主，其祸不可胜言。或柱中又有食伤，泄尽日干元气生在财上，其祸亦重。财多身弱，宜见柱有比劫帮身为福，行运遇比劫则发，或柱有印星亦吉，唯须比劫制财以护印。

贪财坏印

又叫“财星破印”。日干弱，喜印星生扶日干，则不喜财星，因财可克印也。若柱中以印为用神，而逢柱中有财星冲、克印星，则为不吉之兆，人命逢此，一者背井离乡，二者职业不定，三者学业难就，四者因财致祸，五者早克母亲，六者体弱病多，七者经常搬迁，八者为人虚浮了无实学，九者婆媳不睦，以上诸等，必犯一二，又看此财印居于何柱而详言之。行运遇之，多主有灾，或丢掉公职（也许是下海），或因财丧命。

凡财星破印，须有比劫制财方佳，行运亦同。

印绶护身

日干弱，当赖正、偏印生身而旺。凡印星护身，忌财星克印，喜官杀生印。若柱中日干本强，又有印星来生，或遇过多之印生日，反不为吉，则又喜财星克去有余之印。流年大运同。

官印相生

又叫“杀印相生”。柱中官杀克日，须印星泄官杀之力而生身，或身强印弱，喜官杀生印。有云：官生印，印生身，富贵双全。杀不离印，印不离杀，杀印相生，功名显达。

财旺生官

身旺，财旺，官弱，喜财生起官星为用也。

官星卫财

柱中财神，被比、劫夺去，犹喜官杀克去比、劫，使财为日干所享，此官星卫财也。

官杀混杂

柱中既有官星，又有七杀，且官杀成党，克伐日干，则凶不可测。日干旺，比、劫多，喜官杀相混，日干旺，印星多，不忌官杀。身衰而官杀混杂，必然贫贱，身强而官杀混杂，宜去官留杀，或去杀留官，具体而定。凡官杀混杂，喜印星化官杀而生日，喜比、劫代替日干而受官杀之克。若日干不弱，又喜食、伤制去官杀之力，若身弱则喜印星化官杀生身，不宜食、伤也，当知，身弱又逢克泄交集，下命无疑。

官变为鬼

又叫“身衰遇鬼”。日干衰，有重重官星来克日干，此非官也，实乃克身之鬼也，官多无官，与七杀无异，祸不可测，唯喜印星化之。大忌柱中有财及运逢财地，必遭大祸。

伤食泄秀

日干强，比劫多，无官杀，须伤官或食神泄日干之力，以趋中和，此为泄秀，而尤喜柱有财星，则比、劫生伤、食，伤、食生财星，财为我享也。日干衰弱，再不宜逢伤、食盗泄日干之气，则弱上加弱也，又宜取比劫代身泄气，或印星制去伤食。岁君大运同。

偏印夺食

又叫“食神逢鵦”。日干强，无官杀，宜食神泄气以成中和，而生财星为福，却柱有偏印，克去食神，又使日干更旺，此为凶也。此非独食神、偏印也，伤官、正印亦如之。凡伤、食泄秀而用，不宜见印星也，若遇之，又宜财星克去正偏印为福。

伤官见官

柱以伤官为用，或柱伤官气盛，则不喜官星，缘伤官与官星相战，其祸不可胜言，行运同此。凡伤官见官之格，最难分辨。

食神制杀

日干衰，有食神，又有七杀克身，杀虽不宜见之，妙在有食神制去七杀也。或日干旺，七杀亦强，无印星，唯以食神制伏七杀，化为权星也。古诗云："偏官有制化为权，唾手登云发少年。"此不单食神可制杀，伤官亦可制杀，其理同。唯日干强，七杀弱，不可制也，反宜行财杀旺乡助起七杀也。日干强，七杀强，可制，但不可制过头，如叠叠伤食，七杀被制过分，又为凶兆，不能发达。日干衰，七杀过强，不可制也，反宜印绶化杀生身为上。

羊刃驾杀

日干强，柱又有羊刃，喜见七杀，此七杀不可制，名羊刃驾杀，兵权贵显。如七杀过重，又宜略略制之，或有印化之，制者宜行制伏运，不宜印运，化则宜行印运，不宜行财运克印。凡命中羊刃驾杀者，以制杀为佳，以印化杀并不一定很好。

官星带刃

日干强，柱有羊刃，喜见正官，尤喜正官通根透干，制伏羊刃，名官星带刃，掌万将之威权。柱中羊刃重而官弱，而又宜财生官，或杀混官，行运亦如。唯羊刃不喜正官在地支来冲也，反为大凶之兆，名羊刃倒戈，必作无头之鬼。如甲以卯为刃，不喜酉来冲，丙以午为刃，不喜子来冲，流年大运同。

8. 胎元和命宫

胎元

胎，指人受精怀胎的月份。其起法是：人生月后紧接着这个月的天干与生月后第三个月的地支相配，就为胎元。即出生月的天干进一位，地支进三位，这种方法是求最常见的怀胎十月的情况下，受孕月的干支。如果怀胎不是十月，需要另外进行计算。

胎元生命为吉，克命不利。胎月见贵，必受福荫。刑冲破害，决主艰辛。胎元干支与生时干支纳音相生主长寿，如果和时干支刑冲克害主寿短。胎元临帝旺，必然高寿。

命宫

命宫是人出生时在东方升起的星座，主宰一个人的天赋才能。命宫在人体中属大脑，管一个人的思相、行为，非常重要。

命宫宜生旺不宜衰，宜与年命相生相合，不宜刑冲克害。

命宫计算方法

正月太阳在子宫，雨水后第五天进入亥宫，以二月安命；

二月太阳在亥宫，春分后第七天进入戌宫，以三月安命；

三月太阳在戌宫，谷雨后第九天进入酉宫，以四月安命；

四月太阳在酉宫，小满后第十天进入申宫，以五月安命；

五月太阳在申宫，夏至后第九天进入未宫，以六月安命；

六月太阳在未宫，大暑后第八天进入午宫，以七月安命；

七月太阳在午宫，处暑后第九天进入巳宫，以八月安命；

八月太阳在巳宫，秋分后第十一天进入辰宫，以九月安命；

九月太阳在辰宫，霜降后第十三天进入卯宫，以十月安命；

十月太阳在卯宫，小雪后第十二天进入寅宫，以冬月安命；

冬月太阳在寅宫，冬至后第八天进入丑宫，以腊月安命；

腊月太阳在丑宫，大寒后第五天进入子宫，以正月安命。

子丑宫，土星之垣也，生于此垣，以土为主。其为人也，才擅专门，宜习农林、矿产、铁路、工程、地质、建筑等学科，造诣必高。

寅亥宫，木星之垣也，以木为主。其为人也，宜习法律、经济、医学等科，利于公共机构与慈善团体之活动，如在宗教、学校、医院、社会等事业。

卯戌宫，火星之垣也，以火为主。其为人也，宜习有关理科之学术，利于化工、机械、土木、兵工一类。

辰酉宫，金星之垣也。生于此垣，以金为主。其为人也，多才多艺，宜于攻习文艺、书画、音乐、戏剧、雕刻、金石、装饰及有关美术之学艺。

巳申宫，水星之垣也。生于此垣，以水为主，其为人聪明才智，宜攻读文科，利于文化教育事业。如格局低者，则精神每多忧郁。

午宫，太阳之垣，生于此宫，其为人也，士农工商，无不咸宜。最利攻读政治，功业自然显著，倘格局不利，可能发生心脏病。

未宫，太阴之垣，生于此宫，其为人也，每多自得之情，宜习商科，从事航运，经营流动性之工商业，或办产科医院及任护士。立命此宫，颇有谦让之表现。

子宫，天贵星，志气不凡，富裕清吉。子宫之人，态度愉快，文雅动人，平生极少消极及厌世之表现。朋友结合，有念旧之深情；夫妇唱随，有持久之厚爱；聪明笃实，有过人之处也。有时标新立异，发激越之言，或于事务判断，独持异议，主观未免过强，恣意性情乖僻之诮。然其意志坚强，为其优点。论事而非论人，不念宿怨，有宽宏大量之风度。如逢岁运不佳，生理方面，可能影响心脏，或患血液循环之病，神思厌倦，怔忡不宁等症状。

丑宫，天厄星，先难得吉，离祖劳心，晚年吉。丑宫之人，态度愉悦，志向蓬勃，极喜立功。一生充满遗大投艰之慨，不计本身利益。唯好以傲岸及教训之态度对人，好象天生德于予，别人应对我信任、尊敬、赞美，而不容反对。有时此种举动，或也可致信于人，博得社会一时之敬仰，究以锋芒过露，气焰过张，最后容易遭受怨咎，而沟陷也即随之，足以阻碍其事业之进展，如逢岁运不佳，生理方面，或患风湿，膝部痿弱，流行软脚病，及皮肤湿疹诸症。

寅宫，天权星，聪明大器，中年有权柄。寅宫之人，秉性刚毅，目光锐利，富有冲刺力，喜觅捷径，以达其目的。兼以性情活泼，谈吐精神，令人有深刻之印象，虽在童年，已能自见，无论何事，如不能与人共享其成，每歉然于怀，不失为仁者之风度。以是交游甚广，人缘极佳，老谋归隐，也将无法摆脱。如岁运不佳，生理方面，可能影响下肢及臀部，如癌瘤痈疽，痰水结聚，崇湿积痈，及血液不清等症。

卯宫，天赦星，慷慨疏财，得权时需谦虚为上。卯宫之人，少时体质较弱，壮年可转强健，当血气方刚时，由于神经过于敏锐，最易动怒，每因小事酿成争端，经历不少挫折。固自成年后，性格一变为严谨，克己自律，以个人力量从事奋斗。其观察力特强，于人于事，能作深度之透视，善恶分明，如见肝肺，因而转易吸引人之同情。而于人生之了解，自然界之探索，也有其嘎嘎独造之处。卯宫之特点，即在于此。如逢岁运不佳，生理方面，可能影响阴部，发生肾石，痔疮，脱肛，血毒等症。

辰宫，天如星，事多反复，机谋多能。辰宫之人，性格温和，仪表雅致，行止彬彬有礼，乐于为人排解争端，思虑周到，措置平衡，务使双方能得相应之满意。遇有需求，则挺身出助，往往热忱过度，无暇自顾，反而惹起是非纠缠。尤以妇人之要求，更见踊跃以赴，事后若蒙轻诺之讥，亦所不恤，此类作风，看似随和，缺乏决断，其实天性使然。如逢岁运不佳，生理方面，可能影响肾部，水火不济，脊背软弱，及患脾肾两亏等症。

巳宫，天文星，文章振发，女命有好夫。巳宫之人，态度沉静，思虑琐屑，喜吹毛求疵，虽至亲至密者，亦多惧与接近，生活孤寂，其为缺点，目不待言，但尤不失捐介之操。影响最大者，厥为注视小节而忽视大端，轻重适当，殊于前途有碍。好在立命此宫之人，心细于发，手段精明，处事有条不紊，假如经商做贾，尽能积少成大，前途无量。平时因深思过虑，致易沾轻微脑病，如逢岁运不佳，则影响腹部，身患肠胃，便秘，泄泻，痢疾等症。

午宫，天福星，荣华吉命。午宫之人，天生具有高贵的，有野心和热望的特质。并且有坚强的意志，而且经常不顾险阻，打通一切阻碍的勇气，但有时傲气很盛，而为企图速化，出人头地，则又不愿小屈以求大伸。平时待人和蔼可亲，也无非笼络手段，取悦他人，便利其本身之发展。假使戒除骄态，自有成功之一日。如逢岁运不佳，生理方面，可能影响腰部，发生脊骨疼痛，风湿，黄疸等症。

未宫，天驿星，一生劳碌，离祖始安。未宫之人，一举一动，于谦让之中每露忸怩之态，似行畏怯，然其性格则敏感而易发怒；貌为柔顺，内心则极坚强，不肯轻易接纳他人意见。其人办事严谨，工作谨慎，均为最佳之表现。并有很好的领悟力与观察力，喜欢沉思，想象力非常活跃，但容易耽于声色之好，宜多注意。如逢岁运不佳，生理方面，可能患胃病，逆呃，消化不良等疾。

申宫，天孤星，不宜早婚，女命妨夫。申宫之人，具有双重性格，心理难得平衡，故有时充满自信乐观，有时则疑虑失望。其可取者，心灵方面极为机警。如讨论谋一问题，每能提出新颖之意见，不同凡响。言论姿态，表露尤佳，故其所发挥之吸引力，足以构成其社会地位。若论事业前途，则应有始有终，不可半途而废。如逢岁运不佳，生理方面，宜防肺、胸两部，发生咳嗽，哮喘，气呃及呼吸器官之疾病。

酉宫，天秘星，性情刚直，时有是非。酉宫之人，沉默宁静，思虑深远，心地善良，忠实可靠，唯有时也表现暴躁，固执己见。其在年少之时，尚未有任性之表现，迄年齿日增，主观日强，积渐日久，行动遂不免放恣。最后得一诤友，随时规劝，定能知所自反，否则流为刚愎自用矣。又其人一生富于大自然之爱好，名山大川，乐于登临，失意时尽能枕石漱流，自我解嘲，涤荡烦襟，亦一得也。生理方面，如置岁运不佳，可能影响喉部，发生气管炎，心脏不宁等症。

戌宫，天艺星，心性平和，艺道有名。戌宫之人，举动灵敏，工作热烈，精神勇敢。对于事务，一经计划就绪，即以全力实施扩展，绝不踌躇顾虑。但缺乏忍耐性，为其所短，故须擅自控制，毋使躁进，遂能纳入正轨，底于成功。大凡赋性好动之人，偶受刺激，如非心灰意懒，则将变本加厉，纵结局未必尽败，亦属得不偿失，应以冷静之头脑，作缜密之思考为要。如逢岁运不佳，生理方面，可能影响头部，如眩晕、中风、思想错乱、牙筋疼痛等疾病。

亥宫，天寿星，心慈明悟，克已助人。亥宫之人，情感极为浓厚，神经又属敏锐，故待人接物，一片热情，而事逾其分，则已超越于理智之外，反易引起误会，招致他人指责。其人本质，实为谦让为怀，倘能加以修养，务为沉着，则于世情通达多矣。至其生平无视个人财产，愿与亲友同处于恬逸之境，心休意美。如逢岁运不佳，生理方面，可能影响身体全部，或因感冒而成痛风症，或因血液有毒而化肿疮，以及关节炎，肢体麻痹等症。

命宫带有华盖和空亡，并且有孤辰寡宿，特适合学艺之研究，成就也大。为人雅洁高致，财业自微，故应主名不主利。此格主孤独，虽贵少子，六亲亦属无情，可能将以沙门终老。

命宫带羊刃，且命旺无依，性情刚烈，易于冲动，应注意流年与命宫支相冲克，以防意外灾祸。如八字清纯不杂，七杀化印相生且驾刃，则胆略才干，堪负方面责任，延誉四方，无论创办新事业，或任重大之职，皆能举轻若重。

命宫有驿马，必远走他乡发展；命支座财星，主发财快速，事业有成，每可聚获横财而富。命支座七杀，可能成为外交官或出外征战的将领。

9. 六十甲子纳音表

（1）六十甲子

用天干和地支搭配，循环组合成的60个干支，以这60个干支循环，60年循环一次，俗称“六十花甲子”。所以我们称60岁的人为花甲之年，年过花甲。甲午战争、辛亥革命，都是根据所处年代的六十甲子纪年得来的。

六十花甲搭配的方法是，天干和地支都是从头开始依次组合，天干从“甲”开始，地支从“子”开始，所以第一个搭配出来的叫“甲子”第二个叫“乙丑”，以此类推。由于天干是十个，地支是十二个，所以到天干最后一个“癸”配完以后，地支还剩两个，天干再从“甲”开始接着循环排下来，一直到天干地支全部轮回一遍。

六十花甲子是：阳和阳搭配，阴和阴搭配，阴阳不能搭配。

六十甲子最古老的用途是纪年、纪月、纪日、纪时，纪年为60年一个周期，纪月为5年一个周期，纪日为60天一个周期，纪时为5天一个周期。

（2）纳音

纳音是我国古代音乐的一种音符，把六十甲子当中的每两组配一纳音五行，形成纳音学说，简称纳音。民间经常说某人是天河水命，某人是海中金命，某人是杨柳木命，就是纳音五行。

《六十甲子纳音表》

甲子乙丑海中金　丙寅丁卯炉中火

戊辰己巳大林木　庚午辛未路旁土

壬申癸酉剑锋金　甲戌乙亥山头火

丙子丁丑涧下水　戊寅己卯城头土

庚辰辛巳白腊金　壬午癸未杨柳木

甲申乙酉泉中水　丙戌丁亥屋上土

戊子己丑劈雳火　庚寅辛卯松柏木

壬辰癸巳长流水　甲午乙未沙中金

丙申丁酉山下火　戊戌己亥平地木

庚子辛丑壁上土　壬寅癸卯金箔金

甲辰乙巳佛灯火　丙午丁未天河水

戊申己酉大驿土　庚戌辛亥插环金

壬子癸丑桑枝木　甲寅乙卯大溪水

丙辰丁巳沙中土　戊午己未天上火

庚申辛酉石榴木　壬戌癸亥大海水

四排盘法则

四柱八字的排盘，以日干为我（日主，命主），查四柱间的五行生克制化、刑冲会合为推命的重点。

由命盘八字的五行生克，可演化出“比肩”“劫财”“食神”“伤官”“正财”“偏财”“正官”“偏官（七杀）”“正印（印绶）”、“偏印”等十种基本特性，以彼此的交互作用来判断命运吉凶。命盘排好之后，要以该盘的五行比重及分布状况研判出该人对五行各别的喜与忌，通常称为喜神、用神、仇神、忌神与闲神。

(3) 排年柱

年柱，即用干支表示的一个人出生的年份。要注意的是，上一年和下一年的分界线是以“立春”这一天的交节时刻划分的，而不是以正月初一划分。

地支 12 年一个循环，天干 10 年一循环。

十天干与十二地支按顺序两两相配，至60 次循环一周，如甲子、乙丑、丙寅、丁卯……直到壬戌、癸亥，以天干甲和地支子相配为第一年，所以称为六十（花）甲子，这也是代表时间的符号。

农历六十年循环一个甲子后，天干地支再从头相配，周而复始循环不已。近代干支纪年，一八六四年至一九二三年为上元，一九二四年至一九八三年为中元，一九八四年至二〇四三年为下元。

由于“立春”这个节，有时在农历十二月，有时在农历正月，所以排年柱要注意区别下列4种情况：

1）本年正月立春后出生，其年柱为本年的干支。

例如，一九六八年正月初八日出生的人，因为该年是戊申年，立春是正月初七日丑时。初八日是立春后，所以其年柱为本年的干支为“戊申”。

2）本年正月立春前出生，其年柱不是本年的干支，仍是上一年干支。

例如，一九六八年正月初四日生的人。初四日是立春前，所以其年柱是上一年即一九六七年的干支“丁未”。

3）本年十二月立春前出生，其年柱为本年干支。

例如，一九五五年十二月廿二日生。下一年一九五六年的立春在一九五五年的十二月廿四日寅时，廿二日在立春前，所以年柱，仍为本年的干支为“乙未”。

4）本年十二月立春后出生，其年柱是下一年的干支。

例如，一九五五年十二月廿六日出生。立春是在一九五五年的十二月廿四日寅时，廿六日是立春后，所以其人年柱是下一年的干支为“丙申。”

公元纪年的记忆方法：

庚	辛	壬	癸	甲	乙	丙	丁	戊	己
0	1	2	3	4	5	6	7	8	9

天干纪元凡是天干为庚，其公元年个位数字是0，如庚子1960年、庚戌1970年、庚申1980年。天干为辛，其公元年个位数字是1，如辛丑1961年、辛亥1971年、辛酉1981年。其他同理类推。

年柱，在空间上代表的是太阳系中的木星，也代表的是太阳系中木星对地球的影响，木星每绕太阳公转30度，就是地球每年的地支方位。它在时间上是木星每12年绕太阳公转一周，因此，木星也叫作“岁星”或“太岁”。古代是太岁星，现在位置没有变化还是太岁星，这也就证明了太岁力量或影响主要来自木星，实践表明有太岁方面的吉凶之应，虽然人体器官并不能直接感觉到太岁方向木星场能，但他的力量是无声无息的，“太岁头上莫动土”反应的就是木星场能的干扰。

（4）排月柱

月柱，即用干支表示的一个人出生的月份节令。

排月份是以节令为标准，也称月令。

十二节令：“正月立春，二月惊蛰，三月清明，四月立夏，五月芒种，六月小暑，七月立秋，八月白露，九月寒露，十月立冬，十一月大雪，十二月小寒。”

有节令口诀：“春惊清明夏中暑，秋露寒冬大雪寒。”

春	惊	清明	夏	中	暑
↓	↓	↓	↓	↓	↓
立春	惊蛰	清明	立夏	芒种	小暑
秋	露	寒	冬	大雪	寒

↓ ↓ ↓ ↓ ↓ ↓

立秋 白露 寒露 立冬 大雪 小寒

十二支配十二月，称为月建。古代天文学称北斗星斗柄所指为建。农历的月份即由此而定。农历正月斗柄指寅，以寅始，即以农历正月为岁首，正月建寅，二月建卯，三月建辰，四月建巳，五月建午，六月建未，七月建申，八月建酉，九月建戌，十月建亥，十一月建子，十二月建丑。

月干，是根据年干而定地，《五虎遁年起月口诀》云："甲己之年丙作首，乙庚之岁戊为头。丙辛之岁寻庚上，丁壬壬寅顺水流。若问戊癸何处起，甲寅之上好追求。"意思是：凡是甲年或己年必须从丙寅起正月，依次二月丁卯，三月戊辰，四月乙巳，五月庚午，六月辛未，七月壬申，八月癸酉，九月俗戌，十月乙亥，十一月丙子，十二月丁丑。同理乙年或庚年，从戊寅起正月，依次二月巳卯……

例如一九三七年七月初五出生的人，因为该年是丁丑年，依"丁壬起壬寅"则正月为壬寅，顺推至七月为戊申月，即月柱为戊申，其他仿此。值得注意地是，在月令交节前后出生的人的月柱：

1）本月节令前生的人，其月柱是上一个月的干支。

例如一九七六年三月初四日申时生。三月初四日为乙酉日，三月初五为清明节，此命是清明节前生，因此其月柱应该是依“丙辛起庚寅”则正月为庚寅，二月为辛卯，即月柱为“辛卯”。四柱是：

乾造：丙　辛　乙　甲

　　　辰　卯　酉　申

2）本月节令后生的人，其月柱是本月的干支。

例如一九七六年三月初八日辰时生。三月初五是清明节，此命是清明节后三月初八日己丑日生，因此其月柱应该依“丙辛起庚寅”则正月为庚寅，二月辛卯，三月壬辰即月柱为“壬辰”。四柱是：

坤造：丙 壬 己 戊

　　　辰 辰 丑 辰

3）在本月下一节令后生的人，其月柱是下一个月的干支。

例如：一九七八年二月廿八日是清明节，此

人是清明节后二月廿九日戊戌日生，因此其月柱应该是依“戊癸起甲寅”则正月为甲寅，二月乙卯，三月丙辰，即月柱为“丙辰”。四柱是：

坤造：戊　丙　戊　戊
　　　午　辰　戌　午

还有一个要特别注意的是农历的特殊规定——润月。

一年四季有 24 个节气，其中有 12 个节，12 个气，即一个月之内有一节一气，每两节相距约 30.4 天，而农历每月日数则为 29 天半，故约每 34 个月必是有两个月仅有节而无气和有气而无节的情况，前者即农历的润月，后者的有气无节之月不为润月。

记年、月、日时遇有润月时，一定要标明润月防止排错四柱。

例如一九九〇年前五月十六日辰时生的：

坤造：庚　壬　甲　戊
　　　午　午　辰　辰

例如一九九〇年后五月十六日辰时生的：

坤造：庚　癸　甲　戊
　　　午　未　戌　辰

月柱在空间上代表的是地球绕太阳公转30度的位置，就是地球每月的地支方位。它在时间上是地球每12个月绕太阳公转一周，从地球上感觉这个月和下个月区别是什么呢？昼夜长短不同，气候温度不同，也就是从太阳得到的辐射能量不同，太阳在什么位置就反应什么位置所代表的五行信息，因此，月令的转换反应的是地球局部得到太阳辐射能量的变化，且变化非常明显，所以月令的力量大，远远大于流年的力量。

（5）排日柱

日柱，日柱又称日主、日元，即用干支表示的一个人出生的那一天。要注意的是，日与日的分界线是以子时的开始来划分的，也就是说，按我们现在的计时方法，晚上11点之后就是第二天了，而不是子夜12点之后才是第二天。当然，第二天晚上的11点之后就属于第三天了。第二天也是到晚上11点截止。每一天都是从前一天的晚上11点开始，到当天的晚上11点结束。

推算日干支，可以按公历和农历两种方法推算。

《农历日干支推算口诀》

大小月卦记心间，正一干支起根源。

大后干同地支冲，小后干支退一天。

初一十三二十五，支同隔干一位算。

《公历日干支推算口诀》

元旦干支为根源，大小二月记心间。

小月干同地支冲，大月上句加一天。

申子辰年年为闰，干同支冲退一天。

余年二月二十八，干同支冲退一天。

月首十三二十五，支同隔干一位算。

日干支同年干支一样也是 60 次一循环，60 天为一个甲子，由于大月、小月、平年、润年地不同缘故，日干支需要查找万年历。

例如一九六四年正月十四日生：该年农历正月柱，十四日之干支在“乙巳”，乙巳即为日柱地干支。

日柱在空间上代表的是地球自转一周，经历一个昼夜循环，同时代表地球绕太阳公转 1 度，就是地球每日的地支方位。它在时间上是地球每 360 日绕太阳公转一周，一天与另一天的区别在于两个临日之间相差一度（地球公转），昼夜长短变化约1分钟，代表的是五行以12日为一周期的循环能量和地球公转一度的太阳能的复合能量。日柱代表一日24小时，太阳升起落下又生起一个完整循环，而年柱、月令和时柱没有一个完整的周期性，只有通过和日柱的作用来体现它们的影响。

（6）排时柱

时柱，即用干支表示的一个人出生的那个时辰。

排时柱：

八字所说的“时”，是将一日24小时分为12个“时辰”，每一个时辰为两个小时。

时和时辰的对应关系如下：

时辰地支　　北京时间

甲或己日 乙或庚日 丙或辛日 丁或壬日 戊或癸日

早子时 0时—1时 甲子时 丙子时 戊子时 庚子时 壬子时

丑时 1时—3时 乙丑时 丁丑时 己丑时 辛丑时 癸丑时

寅时 3时—5时 丙寅时 戊寅时 庚寅时 壬寅

时 甲寅时

卯时 5 时—7 时 丁卯时 己卯时 辛卯时 癸卯时 乙卯时

辰时 7 时—9 时 戊辰时 庚辰时 壬辰时 甲辰时 丙辰时

巳时 9 时—11 时 己巳时 辛巳时 癸巳时 乙巳时 丁巳时

午时 11 时—13 时 庚午时 壬午时 甲午时 丙午时 戊午时

未时 13 时—15 时 辛未时 癸未时 乙未时 丁未时 己未时

申时 15 时—17 时 壬申时 甲申时 丙申时 戊申时 庚申时

酉时 17 时—19 时 癸酉时 乙酉时 丁酉时 己酉时 辛酉时

戌时 19 时—21 时 甲戌时 丙戌时 戊戌时 庚戌时 壬戌时

亥时 21 时—23 时 乙亥时 丁亥时 己亥时 辛亥时 癸亥时

晚（夜）子时 23 时—24 时 丙子时 戊子时 庚子时 壬子时 甲子时

时干是根据日干而定，《五鼠遁日起时口诀》：“甲己还加甲，乙庚丙作初。丙辛从戊起，丁壬庚子居。戊癸何方发，壬子是真途。”意思是：凡是甲日或己日，子时起甲子，丑时为乙丑，寅时为丙寅，卯时为丁卯，辰时为戊辰，巳时为己巳，午时为庚午，未时为辛未，申时为壬申，酉时为癸酉，戌时为甲戌，亥时为乙亥。同理乙日或庚日，子时起丙子，丑时为丁丑……

例如一九八九年三月十三日八时十分生的人：此年是己巳年，三月十三日是戊辰月戊申日，八时十分为辰时，依" 戊癸起壬子" 则子时为壬子，丑时癸丑，寅时为甲寅，卯时为乙卯，辰时为丙辰。此人的四柱是：

坤造：己　戊　戊　丙

　　　巳　辰　申　辰

其他仿此类推即可。

值得注意地是子时出生的人的时柱，一定要分清是夜子时还是早子时，23 时至 24 时前为夜子时，24 时至次日 1 时前为早子时。

1）早子时出生的人，其日柱用本日的日柱，其时柱是用本日的日干推出的干支。

例如一九七九年二月廿五早子时生（即24时至1时前）

乾造：己　丁　己　甲
　　　未　卯　丑　子

2）夜子时出生的人，时柱有两种排法。

一九七九年二月廿五夜子时生（23—24时前）其四柱一种是用本日的日柱，时柱用次日的时干支。

乾造：己　丁　己　丙
　　　未　卯　丑　子

另一种是用次日的日柱，时柱也用次日的时干支。

乾造：己　丁　庚　丙
　　　未　卯　寅　子

时柱在空间上代表的是地球自转30度的位置，就是地球每个时辰所在的地支方位，它在时间上是地球每12个时辰自转一周。一天内太阳位置的变化，从东方升起，经过南方而从西方落下，午夜经过北方再回到东方，完成一日循环，每个时辰严格表示了地球自转30度，同理代表太阳对地球30度的位置移动。同时也反映了地球某地得到太阳辐射能量的消长。一年四季的温差比较大，远大于一日12时辰的温差，可见月令的力量比时辰的力量大，同时说明日元的旺衰为什么由月令来定，也表明中国命理预测学的科学性。

（三）传统用神分析

十神，又称十星。

所谓十神是指在五行相生相克中，生我者为正印、偏印；我生者为伤官、食神；克我者为正官、偏官（因五行有阴阳之分，异性相克为正官、同性相克为偏官，余同类似）；我克者为正财、偏财；同我者为比肩、劫财——共十种情况。

把五行生克关系对照到六亲、人事关系当中，即表现为：克我者为丈夫；我克者为妻子；生我者为父母；我生者为子女；同我者为兄弟。所以，六亲即指父母、妻子、兄弟。由于六亲的生生相惜、互为克制关系，符合五行生克的标准，所以五行与人的关系就此建立起来。

十神和六亲的对应关系是：官星为丈夫（女命）；财星为妻子（男命）；印星为父母；伤官、食神为子女；比肩、劫财为兄弟。

1. 正官

六亲方面，代表长官、上司、师长；女命的丈夫，男命的女儿。

正官为喜用，长相庄严端正，头脑聪明，声音悦耳，和蔼可亲，家境不错，行事温和且稳健。官印相生，能在官场和公职中有所成就，且幼年温文乖巧，喜欢读书，不让父母操心。财官相生，能在财界享有盛名，且表示幼年家境不甚丰裕，需至青年时期家中经济才有突破性好转，建立其社会地位。正官代表夫星，正官为喜用，表示有理想的对象，且夫唱妇随令人羡慕。身弱遇正官，表示幼年胆小怕事懦弱难养，智慧晚开，而且家庭父母大多劳碌操心，家境不好。身弱遇正官，命局又有食伤财，不见强有力的印星或比劫来保护的话，克泄交加，一生为财利奔波操劳，生活困顿，到老难以清闲。用神与正官相合，其人奸险狡诈，贪恋官禄无所不用其极，此格局见之于命者，与富贵穷通不相涉，大者卖国，小者卖友，遇上此种人须小心为上。有多个正官，表示除了一个丈夫以外，还有其他男朋友，所以必须坚定自己，不要三心二意而惹出麻烦。

官现年干且喜官，主受祖荫力大，且易少年得志，学业颇佳。官现月柱且喜官，受父母痛爱，一生少劳苦，为人正直尽责，重信讲义，也主兄弟姐妹有功名。日座官星，主聪颖能干，具谋事应变力，身旺遇财运大发，也主配偶多贵。时座官星，主子息贤孝有成，自己得享晚福。官星不旺，宜避免公职。官星旺，适合公职。

2. 偏官

偏官也叫杀，七杀，七煞等。六亲方面，代表女命之偏夫，男命之儿子。

七杀与正官功用大体相似，唯须注意的是，正官乃以合作为手段，其性较温和；七杀乃以竞争为手段，其性较偏激，霸道无情。如果八字制化恰当，则煞气可做威权而用，更可发挥才能，古今大富贵，大权威者，大都有这种格局；如果制化不得当，则日主弱，祸来难料，日主强，命途也多怪异。古语说：若人有偏官，犹如抱虎眠，这就意味着偏官格的人敏捷，权力欲望强，善弄权术，独断独行。因此，世界上于许多大成功者多是偏官格。而且，此格之人一想到任何花样时，就会马上付诸行动，和同为官星的正官那种稳健的作法完全不同。身弱杀强，行事阴沉偏激，具叛逆性，容易走极端，秉性孤独。身强杀旺带刃，作事果敢有魄力，嫉恶如仇而有威严，能有大发展。命带偏官，一生大多无法过着平稳生活，而且这种人的职业大都为军人、政治家，如果再兼有偏印的话，便可以当一个学者、宗教家、教育家、医生、律师、艺术家等。

一般来说，偏官格的人，主坚强，有魄力，富男性美，能忍辱负重，负责任，肯努力，颇符合竞争日益激烈的社会。杀旺比劫弱，表示兄弟无缘，甚至有所刑克，且难得朋友真心相助，常会遇兄弟或朋友因利害关系而发生冲突。食制杀太过，个性外刚内怯，做事患得患失，狐疑不决，而无法完全发挥个人力量，可能成为一个穷学者。官杀混杂，主婚姻不定。日支座杀，官杀混杂，夫妻易反目，难得圆满相处。时柱有偏官，和子女缘分较薄。不过有食制杀，子女多半会在文学界、艺术界、或军正界发挥所学而获得名望。

年柱偏官，身弱无制，表示出生在贫寒家庭。年柱偏官有制，多出生军人武职世家。月柱偏官有制，命贵。日柱偏官，配偶多半性烈刚毅，倔强暴躁。时柱偏官为忌神，子女多半难言孝。时干偏官一位，日主旺，有财印，无冲，大贵之命，多为镇守边寨的将领。偏官不旺，仕途不畅。偏官旺，官荣贵显。

3. 正财

六亲方面，代表男命之妻子，女命之父亲。

八字若是比肩，正财的力量大于劫财、偏财的人，经商营谋大多诚信无欺，不善钻营，做事很有原则，缺乏灵巧的手腕及凶狠的魄力，不管经商或从公，最好都要安分守己，尽量不要存有投机取巧，走捷径，冒风险的心理与作风，才能安稳地步上成功之路。一个八字中，最好财星的力量能与日主的力量均衡，这样的八字赚钱就比较轻松，也较不贪非分之财。

正财的象征有：辛勤耕耘，努力可以成功；循正常的途径与方法，可以获取；可得之物，必须努力；可以预见的成功机会，不可太急，水到渠成自然成功。如果八字中正财藏于墓库的话（辰戌丑未）狮，主其人用钱很谨慎、小心，不会轻易花钱或施舍财务予他人。财多身弱，往往会娶个河东妻吼型妻子，因而妻当家，怕妻。正偏财混杂，易引起家庭纠纷，多外线，需注意家庭风波。正财七杀强旺，正印劫财衰，则正印无力化七杀，劫财无力抑制正财，大都表示身上至少会有一处明显的外伤或潜伏多年的痼疾，一旦行运至正财或七杀之地，就会发作出来，很难彻底根治。身旺财衰，大多比较劳身，肯刻苦耐劳，凡事以身作则，用坚韧的耐力去赚取钱财。正财临旺地，日主强，大富。

年柱正财，日旺，祖上富有。月柱正财，勤劳节俭，父母富有，得双亲荫助。日座正财，得妻内助致富。时柱正财，子女富有。

4. 偏财

六亲方面，代表男命之父亲，女命之婆婆。

偏财的象征有：有意外之财，不劳而获的象征；不遇之机，竟而能遇；邂逅之艳，落花有意；纳妻之福，一说即合。

偏财格的人轻财好义，善于抓住机会以赚钱得财，并且一生多有机缘巧遇，因此经常获得意外收获，尤其在金钱或女人方面，往往有戏剧性的离合得失，很有交际手腕，处理事情圆滑而机智，带偏财的人多半富侠义心，喜欢帮助别人，照顾别人，而能博得众人的感谢，并有轻财的趋势。此格的人是活动家，喜欢与人谈笑，本性慷慨，但是狡诈，善于造作，口齿伶俐，对物质，眼光锐利，有经济手腕，是个实业家型。

偏财遇伤官，为人风流多情。伤官生偏财，其人具有多方面的雄心与魄力，浑身充满干劲，一旦机会到来，很容易发财无数，若时运不济，也可能很快身败名裂。女命偏财透露，喜好浪漫而有不贞之嫌。偏财临旺地，主父子或妻妾和睦，得父财妻财。偏财临衰地，主不利父或妻。年干偏财年支比劫，父不利他乡。月干偏财主父掌家权。月偏财时比劫，先富后贫。日支偏财，妾夺妻权。日、时偏财，无刑冲比劫，主中晚年发达。

5. 正印

六亲方面，代表长辈、贵人、师长，男命代表母亲，女命代表祖父、女婿。

正印为用神，则此人聪明慈慧，一生少祸害，如果有官必廉明高节，名正言顺，确实掌握实权，且此人大多心地仁慈，禀性淡泊。财星重实务，印星好唯心，重感情，用心人，是故学业高，滋身聪明，德才兼备，嗜好读书，知识渊博。正印多主文书、文明、文化、宗教、教育、自然、真理、心脑、发明的趋向。如果印星太旺，原局食伤或财星太弱，缺乏食伤泄秀，乃表示智慧晚开，领悟力较差，表示学业不太理想，个性过于忠厚老实。如果行运走到食神伤官的话，就能把上述的缺点减弱，学业、智慧才能够有所长进。印强食伤弱，大多不善营谋交易，所以最好不要理财或经营、投资生意，最好能从公就职。正印过多，表示受到母亲过多的照顾，而变成溺爱，因此，其人往往缺乏独立自主精神。正印过多也表示其人母亲健康不良，或是某种原因而不得不借用他人之手养大。如果正印过强，则其人可能和子女无缘。身旺偏正印混杂，其人有利己主义，且又有孤独僻，处理事务要小心。官印透干，比较容易过着非常幸福的生活，而且，也能获得相当高的名誉和声望，同时，也很适合当一个领导者，众望所归。

正印临长生，主母亲端正仁慈长寿。正印临沐浴，指本人职业多变化。正印临冠带，出生名门，能显荣达。正印旺于临官，安泰有贤母。正印临帝旺，能出人头地。正印临衰地，主一生较难伸展。年柱正印且为喜用，多指生于富贵之家，读书学业佳。月柱正印，心地善良仁慈，聪明健康，一生少病。如柱有偏正官，为福厚之命；如四柱无偏财，印不受克，文章成名；如月支正印与日支冲，主母家零落。日支正印，配偶仁慈善良，聪颖敦厚。时柱正印且为喜用，主子女聪明多贤孝。

6. 偏印

六亲方面，代表女命之母亲，男命之祖父，或侵族长辈，或意外的帮助力量。

偏印的才能较偏重于计划性，及独创性或设

计方面，正印生活恬适淡泊，偏印生性离群孤独。凡带偏印之格局者，其学艺偏精，纵然其学识不丰，也能凭其智慧，领悟力特强，所学之事，必能事半功倍。命带偏印的人，对事务之敏感度颇高，故从事调查，侦讯，情报等工作较擅长，因其机智特强，临机应变令人钦佩。偏印格的人具有独创性的优秀才华，但常常会过高评价自己，与别人相处，常常会格格不入，但如能反省这些缺点，发挥上天所赋予特殊、奔放的才能，也有可能在人生旅途中，成大功，立大业。食神格带偏印，易遭灾祸，性格也会变得酷薄无情。日时偏印过多，需注意晚年时易陷于孤独寂寞。女命如果偏印较重，还会与子息无缘，严重的话，尚有刑克。因为女命以食伤为生殖机能及表示子息，这种现象，也要视格局制化情况，如制化得宜，不必有此担忧。

偏印的象征有：喜欢往偏业发展（如宗教、玄术、灵学、特殊技艺等），也容易获得成就；常有是非现象，且口说难辩；三、常有自己不想承担或做的事，有受逼的现象，且不得不做，身不由己；四、有多事之烦恼，难以应付。

偏印临长生，主与生母缘薄。偏印临沐浴，主职业多变。偏印临冠带、或临官、或帝旺，主与生母缘薄，发展副业有所成就。偏印临衰地，一技在身，四处奔波，与父母缘较差。偏印临墓，多主做事虎头蛇尾，有始无终。偏印临胎地，多主与母缘较差。年柱偏印且为忌神，主破祖业，损家名。月柱偏印，适合往偏业发展，如医界、艺术界、演艺界、自由业、服务业、美容业等。日支偏印为忌神，主难得佳偶。时柱偏印为忌神，不利子女，子女多不听话。

7. 食神

六亲方面，代表晚辈、学生、部属；女命之女儿。

食神的象征有四：食神有得到财禄的机会，坐享其成；有酒宴口福之庆，四处逢迎；有怠惰，好逸恶劳之情，不务正业；有花钱消费的癖好，不知节俭。身旺带健旺食神，有福禄，好饮食，财厚食丰，宽宏大量，一生优游自逸。食伤过重，喜怒哀乐易行于外，心中有话藏不住，作事喜欢高谈阔论，如果经营事业或对事物的看法往往持过于乐观的态度而导致失败。食神有三个较为主要的功能，一是生助财星，二是泄化日主或比劫，三是克制官杀。八字如果身强食神旺，原局又有印星彼临日主，其人消化系统一定良好，体格丰厚，善能讴歌饮食，是位多才多艺之人，且为人聪明，面貌俊秀。身弱遇健旺食神，一生体弱多病，而且还表示其人爱用小聪明来掩饰内在的空虚。这种人是大愚若智，爱好出风头好表现而时感技穷。食神格的人大都不够勤奋，对于任何事缺少发奋心，不想自己创业，往往贪恋山水之美而遗忘实际生活。不过，这种人有一个好处就是，一旦坐下来就会定住，不再任意浮动。若是食神太多时，此人就吝啬，专为自己谋利而不为他人着想。

如果印重身强，全局不见食伤，财星又弱，虽见一点食神伤官，但却远离日主，中晚年行运一路再遇印、比劫之乡，这就是贫困潦倒之命了；如果原局再见有力的印星抑制或冲克食神，截断财利之来源，这是标准的贫命，严重的话，还会夭折难养。日支上有食神，且为喜用，时上有偏印，可能有难产或儿子不保的情况发生，晚年主孤独。男命则主其妻常会生病。食神健旺，遇到财星，子女贤明，丈夫能发达。食神健旺，财官衰，儿子命贵，丈夫却不发达。食神健旺，日主衰弱，有早产之忧。食神临旺地且为喜用神，多为福禄寿全之人。食神临衰地，主其人福分少。年柱食神，受祖上福荫，事业可发展，平安福禄。月干食神支为官，发达之人，宜政界，公职发展。月支座食神，主身体肥胖和气。日支座食神，配偶肥胖，温良随和，衣禄宽足。时柱食神，晚年享福。时柱食神与偏印同柱，主守空房。食神临墓，早夭。

8. 伤官

六亲方面，代表晚辈、学生、部属；男命之祖母、孙女，女命之儿子。

金水伤官的人最为聪明；木火伤官的人个性明朗，颇富文彩；水木伤官的人多才多艺；火土伤官的人操守佳，但不免带有傲气，自视很高。伤官伤尽，为人多才多艺，志气高，好胜，喜欢出风头，是一位威武不屈，济弱救贫，具有侠义之风的人。伤官像一位得宠的骄民，八字伤官重的人，如原局不见有力的印星抑制，大多聪明傲物，藐视法令，自视不凡，稍带虚荣心，喜欢高谈天下事，不喜受世俗礼法约束而产生反抗心理，位居人上则苛刻严厉，位居人下则目无法令。如果伤官太重，无财星转化引出财源，则终生奔波劳碌，不得清闲，虽巧却贫；如果财星太多，又会贪得无厌，永不知足。伤官之人，如能运行顺境，则才气纵横洋溢，令人瞩目钦佩；如果行逆运，则钻尽法律漏洞，行险侥幸，贪赃枉法，每取不义之财。若是八字伤官与七杀俱强，每加重其叛逆性，行运遇逆境很可能成为流氓或社会上不良分子。

伤官出干清而有力，不但有科技头脑，还善于经营，可为公司之主管。所以八字伤官很重的子女，应从小予以好好的疏导教育。伤官较重为顽皮好动，在正常课业以外，尽量再让其学习一项或多项较为特殊的技能，例如：工艺、音乐、绘画、运动、科技等，将伤官本有的习性引导到正规的途径上，以后才会有很大发展。

有伤官的人，头脑都相当好，可是有一点却和食神不一样，就是这种人个性太偏激了，所以，在人格上来说不够完满。这种人常会遭人厌，因此常遭遇不幸和失败。伤官格的缺点就是博而不精，泛而不专，处事常常求功心切，缺乏持久的耐心，理想总是不切实际，好高骛远，多半喋喋不休，而且非常直率，别人不敢说的话，他敢大胆说出来，所以，有时候在无意中伤害了他人。或者，有时候话中带刺，使别人无法忍受。伤官食神为发泄英华之物，英华泄，则锋芒露。如锋芒一露，则只知有己，不知有人。结果，才高招嫉，谓其伤重合作，食重自尊。自尊者，为内向，主沉默；合作者，为外向，主发挥。食主沉默，只需精一技，即可自傲；伤重发挥，所知不多，不足以应世。专一技者以其心无外务，可以深造；习多技者，不得不浅。所以食深而纯，伤浅而杂。以女子为例，伤官外向，择夫多不慎，重奢侈虚荣，潮流交际。食成内向，静默而高傲，寡言笑，对于潮流，不愿发挥。

伤官，我生之神，乃利己之表现；正官为利他之表现。利己利他两者本不相容，故曰：伤官见官，其祸百端。伤官性质为自私的，利己的，其目的在求生存，其手段为合作，因其是我生之神，故主我发挥，一己精力致身体渐衰弱。食神与伤官同为我生之神，其性质也为利己目的，所不同者，其手段为竞争而非合作。以一己聪明才智，与人争智识于艺术上，常有特殊之成就，不若合作之利用技巧，因人而得死利也。故伤官之成就，虽属多能，不见清高；食神之成就，虽云利己，却未同流合污。食神气纯，伤官气杂。

如伤官格有印绶制服，会大大缓和伤官的叛逆精神。伤官是秀气发露之处，带伤官的人俊男美女很多，尤其是金水伤官和木火伤官格均为俊秀之貌。若命中有财星时，更为美貌。所谓身强伤尽胜三奇，男英俊，外缘奇优；女艳丽，令人倾倒。此外伤官过重的人会有任性纵欲的现象，期望从肉体方面的快感获得空虚心灵的补偿与满足，而且伤官又是属于对外方式的多情性格，再由于他能生助偏财，与劫财暗中阴阳克合，故常有双重感情存在，而引起家庭纠纷。伤官过重对女人来说不大好，因为伤官一方面能克制女人的夫星（正官），另一方面又由于妻子生理需求旺盛，而影响丈夫的身体健康。

伤官临旺地，克配偶，易受伤，不利家人，

易犯官司口舌。伤官临衰地，嫉妒心强。年柱伤官，祖业飘零。年干支皆伤官，寿短或富不长，颜面易伤。月柱伤官，手足缘薄，不敬父母。月干支皆伤官，手足夫妇分离。日支伤官，克子，子宜迟。日支伤官，克夫。时柱伤官，克子女，防子女有损伤。

9. 比肩

六亲方面，代表朋友、兄弟、同辈，女命之姐妹。

比肩的象征有：有助益之家，明显而容易显现；有个性刚强的征兆，明显而不暗昧；有分夺之机，不能独占；有争斗之相，欲制对方。日主强，印比过重，而食伤太轻，其智慧才华局促在大脑里，无法顺利发挥出来，因而沉默寡言，本位心很强，自私心较重，很难和别人妥协。又因食伤弱而无法生财，当然一生劳碌奔波。如运用其刚毅不屈的个性，以及独立自主的决心，很可能创出一番事业来。

比肩多，又有印星，多半目中无人，很难接受别人的帮助，所以常会被人认为是一个任性的人或自私的人，个性很强，自私心较重，很难和别人妥协。又因食伤弱而无法生财，当然一生劳碌奔波。如八字中有官杀，这些不好的因素会有所减轻。身旺日支座比肩，天干再透劫财，则主哀怨夫妻，妻子若非身体孱弱，时有病痛，就是本人任性不羁，私生活不检点，凡事刚愎自用，情感不专，夫妻间时起勃溪，很难白头偕老。身旺比肩多，四柱无官杀，则整天游手好闲丝毫没有责任和管制，则精力过剩必然滋生出事端来，易伤妻财。比肩临旺地，兄弟姊妹多，好强好盛，在上级面前不讨巧，官遭排挤，不利婚，不利父。比肩临衰地，不利兄弟。

年柱比肩，上有兄姊或养子，有独立分家倾向，早年较贫苦。月柱比肩，上有兄姊或养子，有独立倾向，具掌财理财之特性。日支比肩，克配偶，婚姻易变，多晚婚，如日支比肩逢冲，配偶不利远行。时柱比肩，少子息。

10. 劫财

六亲方面，代表男命之姐妹，女命之兄弟，并代表朋友、同辈。

身旺财衰，劫财旺盛，与父及妻子缘薄，夫妻间每感话不投机，严重的话有离异再娶现象。劫财过多，是本位主义的人，为人相当冷酷无情，虽然外貌和蔼可亲，好象能听从别人意见似的，其实内心并不如此，因此是一个双重性格的人。此人不宜从公职。如果柱中有正官，就能逢凶化吉，把损失变为利益，而且，一向被认为嚣张的态度，也会转为强稳的领导力，从而造就事业发达。身旺劫财旺盛，个性很强，自以为是，不大可能和别人一起创业，不过如顺着自己的个性而作为技术人员、从军、情报间谍或发明等，就会于无形中培养出热忱，也将对事务的偏激观点有所改变。命局中有劫财的人，多半喜欢从事赌博性或投机性的职业，例如：股票买卖，喜欢赌博，房地产买卖等。但是，如果真的当赌徒的话，就会变得游手好闲，这一点要注意！劫财旺的人欠诚实，或有难聚财之缺点，因此，劫财旺的人，要时时自我警惕才行。劫财旺盛，有食伤生财，会乐意帮助别人或关心他人，甚得人缘，但也需注意不要让人误解而滋生出其他事来。

年柱劫财，上有兄姊或养子，喜理财，重义

气，不利婚。月柱劫财，难聚财，支出计划多在实际收入之前，自尊心强，喜饰外表。日支劫财，晚婚，婚缘差。时柱劫财，子女缘薄。

11. 十神心性

正官心性：正直负责、端庄严肃、循规蹈矩，但易流于刻板、墨守成规、反为意志不坚。

偏官心性：豪爽侠义、积极进取，威严机敏，但易流于偏激，叛逆霸道、反为堕落极端。

正财心性：勤劳节俭、踏实保守、任劳任怨，但易流于苟且，缺乏进取，反为懦弱无能。

偏财心性：慷慨重情、聪明机灵、乐观开朗，但易流于虚浮，缺乏节制，反为浮华风流。

正印心性：聪颖仁慈、淡薄名利、逆来顺受，但易流于庸碌，缺乏进取，反为迟钝消极。

偏印心性：精明干练、反应机敏、多才多艺，但易流于孤独，缺乏人情，反为自私冷漠。

食神心性：温文随和、带人宽厚、善良体贴，但易流于虚伪，缺乏是非，反为迂腐懦弱。

伤官心性：聪明活跃、才华横溢、逞强好胜，但易流于任性，缺乏约束，反为桀傲不驯。

比肩心性：稳健刚毅、勇敢冒险、积极进取，但易流于孤僻，缺乏合群，反为孤立寡合。

劫财心性：热诚坦直、坚韧志旺、奋斗不屈，但易流于盲目，缺乏理智，反为蛮横冲动。

（四）传统常用神煞

所谓神煞，是把一些干支间的特定组合固定为格式，一旦这些格式出现在人的八字中，就称作某神某煞。神为吉星标志，煞为凶星标志。比如“文昌贵人”主聪明过人气质雅秀；凶煞“阴阳差错”主婚姻不顺。

1. 天乙贵人

甲戊庚牛羊，乙己鼠猴乡，丙丁猪鸡位，壬癸兔蛇藏，庚辛逢虎马，此是贵人方。

查法：以日干起贵人，地支见者为是。

四柱有贵人，遇事有人帮，遇危难之事有人解救，是逢凶化吉之星。

天乙贵人，命中最吉之神，若人遇之则荣，功名早达，官禄易进，如命乘旺气，终将登将相公候方位。大小运行年至此，亦主升官进财。一切加临至此，皆为吉。凡贵人所临之处，大概喜生旺无冲破，道理顺。天乙贵人遇天月二德最佳，得之者聪明智慧。日干坐贵，一世清高。天乙贵人最忌刑冲克害，空亡死绝之地，遇者为祸，福力减少，一生劳碌。辰戌为魁罡之地，贵人不临，故辰戌二支无天乙贵人。

四柱无贵人，看其胎元、命宫有贵人否。以日干查命宫，胎元之支。倘若四柱、胎元、命宫都无贵人，如果有了事情或重大灾难难以克服，按照本人日干所缺贵人星，找属相临贵人之人相帮，往往可以逢凶化吉。若有贵人，不管认识与否，有了困难会有人帮，而这个人往往就是本人四柱所标志的贵人。

2. 太极贵人

甲乙生人子午中，丙丁鸡兔定亨通，戊己两干临四季，庚辛寅亥禄丰隆，壬癸巳申偏喜美，值此应当福气钟，更须贵格来相扶，候封万户到三公。

太极贵人查法同天乙贵人，但无胎元，命宫之说。

太极贵人，人命逢之，主聪明好学，有钻劲，喜文、史、哲、宗教等科目。为人正直，做事有始有终。如得生旺及有贵格吉星相扶助，主气宇轩昂，福寿双全，富贵人间。

3. 天德贵人、月德贵人

天德贵人

正月生者见丁，二月生者见申，三月生者见壬，四月生者见辛，五月生者见亥，六月生者见甲，七月生者见癸，八月生者见寅，九月生者见丙，十月生者见乙，十一月生者见巳，十二月生者见庚。

凡四柱年、月、日时上见者为有天德贵人。

月德贵人

寅、午、戌月生者见丙，申、子、辰月生者见壬，亥、卯未月生者见甲，巳、酉、丑月生者见庚。

凡柱中年、月、日时干上见者为有月德贵人。

天月二德，乃日月会合照临，有何阴昧邪暗敢容其间？

凡八字中有天月二德，其人恺悌慈祥，待人

至诚仁厚。煞带天月德，明敏果决而仁厚，食伤带天月德，聪明秀慧而仁厚。二德以天德为重，月德次之，临财官印绶，加一倍福力，日干尤吉。

4. 三奇贵人

三奇者，乃乙、丙、丁，然不如见卯、巳、午为贵。

查法：天干有乙、丙、丁或地支有卯、巳、午，顺行为妙。

三奇在什么条件下才能真正为奇？无非是：顺布而排；三奇必须得时得地，不得死绝；三奇必有吉星贵人扶助；带元辰、桃花、天罗地网为无用。

凡命遇三奇，主人精神异常，襟怀卓越，好奇尚大，博学多能。带天乙贵人者，勋业超群。带天月二德者，凶灾不犯。带三合入局者，国家柱石。带官符劫煞者，器识宏远。带空生旺者，脱尘离俗，富贵不淫，威武不屈。

三奇必须命局配合得体，并有其他贵人吉星扶持才有荣华福寿，如果只有三奇无贵地，命局逆乱不堪，势必贫穷下贱被欺凌。

5. 文昌贵人

甲乙巳午报君知，丙戊申宫丁己鸡。庚猪辛鼠壬逢虎，癸人见卯入云梯。

查法：以年干或日干为主，凡四柱中地支所见者为是。

文昌多取食神之临官为贵，为食神建禄之称。文昌入命，主聪明过人，又主逢凶化吉。气质雅秀，举止温文，男命逢着内涵，女命逢着仪容。好学新知，具上进心。一生近官利贵，不与粗俗之辈乱交。

6. 魁罡贵人

壬辰庚戌与庚辰，戊戌魁罡四座神，不见财官刑煞并，身行旺地贵无伦。

查法：日柱见者为是。

辰为天罡，戌为河魁，乃阴阳绝灭之地，故名。辰是水库属天罡，戌是火库属地魁，辰戌相见为天冲地击。魁罡格在日柱方能入格，其他三格不算，且不能冲破。魁罡格需日主健旺，也即以财官为喜用，因为魁罡格，具有攻击性且格局雄壮，日主衰弱需印生，与魁罡性格相反，即不成为魁罡格了。

身值天罡地魁，衰则彻骨贫寒，强则绝伦显贵，魁罡聚会，发福非常。主为人性格聪明，文章振发，临事果断，秉权好杀。魁罡性严有操持。运行身旺发福百端，一见财官，祸患立至，或带刑杀尤甚。倘日位独处，刑冲克制重临，必是小人，刑责不已，穷必彻骨。运临财旺官旺处，主防奇祸，若月令见财官印绶，日主一位，即以财官印食取用，虽微破财，财官印食得位即无大害。

庚戌、庚辰二日无官星，若魁罡重叠有情，主富贵于名，但见财官则不成局，岁运再见财旺之乡，祸不可测。

柱带魁罡者，虽有领导才能，声宏气壮，且好权术，好胜心强，但婚姻终为不顺。此外，如不遵纪守法，难免牢狱之苦。

7. 国印贵人

甲见戌，乙见亥，丙见丑，丁见寅，戊见丑，己见寅，庚见辰，辛见巳，壬见未，癸见申。

查法：以年干或日干为主，地支见者为是。

四柱带国印者，主人诚实可靠，严守清规，照章行事，办事公道。为人和悦，礼义仁慈，气质轩昂。如国印逢生旺，有其他吉星相助，不逢冲破克害，不仅可以有掌印之能，可亦为官掌实权。

8. 学堂词馆

学堂：甲见己亥，乙见壬午，丙见丙寅，丁见丁酉，戊见戊寅，己见己酉，庚见辛巳，辛见甲子，壬见甲申，癸见乙卯。以年日干，查四柱干支。

词馆：甲干见庚寅，乙干见辛卯，丙干见乙巳，丁干见戊午，戊干见丁巳，己干见庚午，庚干见壬申，辛干见癸酉，壬干见癸亥，癸干见壬戌。

学堂词馆查法，均以年干或日干为主，查四柱干支。学堂词馆其纳音五行，必与年干日干五行相一致。

学堂者，如人读书在学堂，故称文星，主学业功名之事，凡此星入命，主登科及第，学业大展宏图。

词馆者，如今管翰林为词馆，取其学业精专，文章出类。生长乃学堂之正位，如金命见辛巳，金生长在巳，纳音又属金是也。临官乃词官之正位，如金命见壬申，壬临官在申，壬申纳音又属金是也。余类推。

学堂词馆，主人秀气生发，聪明智巧，文章冠世，一生富贵。宜生旺不宜克害冲破，宜天乙贵人吉星相扶为好，否则，才难展，志难伸。

9. 驿马

申子辰马在寅，寅午戌马在申，巳酉丑马在亥，亥卯未马在巳。

查法：以年干或日支为主，看四柱中何地支临之，临则为马星。

人命吉神为马，大则超迁之喜，小则顺动之利。凶神为马，大则奔蹶之患，小则驰逐之劳。逢冲譬如加鞭，遇合等于掣足，行运流年亦然。“马奔财乡，如发猛虎”，是讲马星逢流年大运之财也，马生财，必然大发其财。“马头剑，威震边疆”，指时为马星，日元临壬申或癸酉日。“马逢鞭寨，身不安闲”，鞭寨，指马星在时上，人命逢驿马，主迁移经营好动，大益求名求利，最畏羊刃血光，逢天禄正禄魁罡，聪明高贵，逢病败死绝，自投江湖或流徙远方。贵人马多升擢，常人马多奔波。

驿马生旺，主人气韶凝峻，通变超时，平生多声望，死绝则性情有头无尾或是或非，一生少成，漂泊不定。与禄同乡则福力优游，与杀相冲并，或孤神吊客丧门并者，离乡背井之人，或为僧道，或为商贾。带倒食禄鬼，一生悭吝，机性过贱。与食神冲并者，声譬如人也，行年遇马与病符同，主病惊。与官符同，主官事惊恐。人宅舍，主口舌惊恐。

马为走动，奔驰之象，四柱逢之主人好动，必有走遍东西南北之行，故商人、军人、外交人员经常出差，走动多者，迁居不止者，多带马星。马星还为出国之标志。马星被合有则如无，马星受冲者，日奔千里。妇女马星多者，更是身心不安，住不安处，为不利之象。

10. 华盖

寅午戌见戌，亥卯未见未，申子辰见辰，巳

酉丑见丑。

查法：以年支或日支不主，凡四柱中所见者为有华盖星。

命带华盖星之人，性情恬淡，雅洁高致并主其人资质聪敏，富于文才与艺术性，其性情倾向于哲学、宗教。如果女命带华盖又带桃花又带贵人，则必为名歌星或名影星。如华盖在时支可能是过房之子或入赘孤寡之命。

11. 将星

寅午戌见午，巳酉丑见酉，申子辰见子，辛卯未见卯。

查法：以年支或日支查其余各支，见者为将星。

将星喜吉星相扶，贵杀加临乃为吉庆。若同亡神临，为国家栋梁之臣，言吉星助之贵，更加贵墓库，纯粹不杂者，出将入相之格。

凡命带将星，如无破坏，主在官界显达，四柱配合得宜，可以掌握权柄，以将星坐正官为佳。如果坐七煞羊刃，则主掌生死大权。如从事其他事业，多成就卓越。将星是一颗权力之星，具有组织领导指挥才能，有慑众之威。但死绝冲破者不利，若与凶星会合，则增凶星之气，如命忌劫财，将星临之，其害倍增。

12. 金舆

甲龙乙蛇丙戊羊，丁己猴歌庚犬方，辛猪壬牛癸逢虎，凡人遇此福气昌。

查法：以日干为主，四支见者为是。

金舆，金者，贵也。舆者，车也。故金舆有金车之象，为君子，贵人所乘之车，譬之君子居官得禄，须坐车以载之。

金舆为吉星，为华丽之车，是富贵之徵，为高官显贵人所乘之交通工具，遇此之人福最殊，偏主聪明多富贵，性柔貌愿，举止温和，一身清泰无虞。生日生时遇之为佳。所以，凡有福之人，男的遇之多后代，骨肉安泰，子孙茂盛。女的得之多富贵。若金舆马星同位，不仅骑马坐车，更是车来人往，接送频繁，八面威风。

13. 金神

金神者，乙丑，己巳，癸酉三组干支。

查法：日柱或时柱见者为是。

金见水则沉，故金神不喜水乡，不利西北。金神喜见财，行财运则发。财运虽美，火乡更妙。

14. 天医

正月生见丑，二月生见寅，三月生见卯，四月生见辰，五月生见巳，六月生见午，七月生见未，八月生见申，九月生见酉，十月生见戌，十一月生见亥，十二月生见子。

查法：以月支查其他地支，见者为是。

天医是掌管疾病之事的星神。四柱逢天医，如不旺，又无贵人吉神相扶，不是常患疾病就是身弱无力。若生旺又有贵人相生助，不仅身体健壮，而且特别适合从事医学、心理学、哲学等相关学科的工作。

15. 禄神

甲禄在寅，乙禄在卯，丙、戊禄在巳，丁、己禄在午，庚禄在申，辛禄在酉，壬禄在亥，癸禄在子。

查法：以日干查四支，见之者为是。

禄，爵禄也，当得势而享，乃谓之禄。禄为养命之源。禄落空亡或犯冲谓之破禄，如取以为用，又不得吉神解厄，贵人停职剥官，常人衣禄不足。或月支建禄，贫祖无屋，抛乡离故，奔走他方营谋。

16. 拱禄

拱禄有五日五时：癸亥日癸丑时，癸丑日癸亥时，拱子禄。丁巳日丁未时，己未日己巳时，拱午禄。戊辰日戊午时，拱巳禄。

《三命通会》云："凡拱格，需日时同干，贵与月令通气。运行身旺及贵禄旺地方大好，印绶伤官食神财运大吉。忌行冲破害或羊刃七杀伤了日时，拱不住贵气，大忌填实空亡。譬如器皿，虚则能容物，实则无用。所以只宜虚拱。完则能盛，破则无用，所以怕见空亡，岁运同。"

17. 天赦

春戊寅，夏甲午，秋戊申，冬甲子。

查法：寅卯辰月生戊寅日，巳午未月生甲午日，申酉戌月生戊申日，亥子丑月生甲子日。

天赦是逢凶化吉之星，能解人灾祸。尤其对犯法之人，有宽大处理之可能。

18. 天罗地网

辰为天罗，戌为地网。火命人逢戌亥为天罗，水土命逢辰巳为地网。辰见巳，巳见辰为地网。戌见亥，亥见戌为天罗。男忌天罗，女忌地网。

查法：以年支或日支为主，其他地支见之者为是。

天罗地网，多主牢狱之灾，大运流年遇之，于人不利。若天月二德解救无忧。

19. 羊刃

甲羊刃在卯，乙羊刃在寅，丙、戊羊刃在午，丁、己羊刃在巳，庚羊刃在酉，辛羊刃在申，壬羊刃在子，癸羊刃在亥。

查法：以日干为主，四支见之者为是。

身强不喜羊刃，因为羊刃能夺财，劫官，破坏八字的富贵气。如果日干不强，有七杀驾羊刃，则主此人武贵非凡，掌生杀之大权。岁运旺的时候，自然转祸为福，若命局有刃有印无杀，岁运逢杀的时候也可成福。

羊刃格印重身强，若再见刑冲，原局没有足够的食伤或官杀贴近日主克制泄化，性格大多性急刚恶，冲动暴戾，外貌温和，内情执拗，自以为是，对别人采取不信任的态度，主观意识很强，不轻易采纳别人意见，思想容易走极端。年支遇羊刃，主破祖先遗业，或有以怨报德的趋势。月支遇羊刃，主性情乖僻。日支遇羊刃，主性急暴躁，遇事易头脑发涨，沉不住气，另配偶多疾病。时支遇羊刃，见财官则为祸不浅，岁运相冲并相合，则灾祸勃然临门。

喜忌篇云：劫财羊刃，切忌时逢，岁运并临，灾殃立至。

20. 亡神

寅午戌见巳，亥卯未见寅，巳酉丑见申，申子辰见亥。

查法：以年支或日支为主，四柱取三合局为用，无合局不可用。

亡神，亡者，失也，自内失之谓之亡。劫在五行绝处，亡在五行旺处。亡神临财局为财旺，临官局为官旺，临印局为印旺，临伤官局为泄气。

《三命通会》云："亡神吉则峻历有威，谋略算计，料事如神，事不露机，兵行诡诈，始终争胜，言事折辩，壮年进用，则生旺与贵煞并也。凶则性燥心窄，颠诈狂妄，浮荡是非，酒色风流，官符狱讼，兵刑责难，即死绝与恶煞并也。若贵人建禄并，专弄笔砚，撰饰文词，因公起家，干涉官利或为胥徒。"

21. 劫煞

申子辰见巳，亥卯未见申，寅午戌见亥，巳酉丑见寅。

查法：以年柱或日柱为主，四柱地支见之者为是。

劫者，夺也，自外夺之谓之劫。

《三命通会》说："劫煞吉则聪慧过人，才智超群，事不留行，胸罗万象，高明爽迈，武德横财。凶则昏浊邪侈，毒害性重，宿疾刑徒，兵刀折伤，执拗内狠，贪夺无情。"

22. 灾煞

申子辰见午，亥卯未见酉，寅午戌见子，巳酉丑见卯。

查法：以年支为主，四柱地支中见之者为是。

灾煞是将星受冲克之煞，又名白虎煞，

灾煞怕克，生处却见祥，四柱交加见，福少祸连绵。此煞主血光横死，在水火防焚溺，在土防坠落、瘟疫。克身大凶，若有吉神相助，多有武权。

23. 勾绞煞

阳男阴女，命前三辰为勾，命后三辰为绞。阴男阳女，命前三辰为绞，命后三辰为勾。

查法：以年支为主，查四柱其余地支。

勾者，牵连之义，绞者，羁绊之名。二煞如亡劫当堂对冲。凡命遇之，身若克煞，多心路技巧，主掌刑法之任，或为将帅，专行诛戮。行年至此，亦口舌刑狱等事。两位全者重，一位轻，有官杀者重，无者轻。勾或绞临日与岁运逢之，主伤身破财等灾事。

24. 孤辰寡宿

亥子丑人，见寅为孤，见戌为寡。寅卯辰人，见巳为孤，见丑为寡。巳午未人，见申为孤，见辰为寡。申酉戌人，见亥为孤，见未为寡。

查法：以年支为准，四柱其他地支见者为是。

凡人命犯孤寡，主形孤肉露，面无和气，不利六亲。生旺稍可，死绝尤甚。与驿马并，放荡他乡。与空亡并，自小无倚。男命生于妻绝之中而逢孤辰，平生难于婚配。女命生于绝夫之位而遇寡宿，屡嫁不能偕老。男孤定为他乡客，女寡定是异省妇。孤寡如有贵神相扶，不至为害，但婚姻不顺尤为突出。

25. 元辰

阳男阴女，其元辰是：子年见未，丑年见申，寅年见酉，卯年见戌，辰年见亥，巳年见子，午年见丑，未年见寅，申年见卯，酉年见辰，戌年见巳，亥年见午。

阴男阳女，其元辰是：子年见巳，丑年见午，寅年见未，卯年见申，辰年见酉，巳年见戌，午年见亥，未年见子，申年见丑，酉年见寅，戌年见卯，亥年见辰。

元辰，又名大耗，别而不合之名。阳前阴后，则有所屈，屈则事无所伸。阴前阳后，则直而遂，于事暴而不治，难与同事，故名元辰。命带元辰，生旺则落魄大度，不别是非，不分良善，颠倒鹘突。死绝则寒酸薄劣，形貌猬下，语言浑浊，不知羞辱，破败坎坷，贪饮好情，甘习下流。

26. 空亡

1	2	3	4	5	6	7	8	9	10	空亡
甲子	乙丑	丙寅	丁卯	戊辰	己巳	庚午	辛未	壬申	癸酉	戌亥
甲戌	乙亥	丙子	丁丑	戊寅	己卯	庚辰	辛巳	壬午	癸未	申酉
甲申	乙酉	丙戌	丁亥	戊子	己丑	庚寅	辛卯	壬辰	癸巳	午未
甲午	乙未	丙申	丁酉	戊戌	己亥	庚子	辛丑	壬寅	癸卯	辰巳
甲辰	乙巳	丙午	丁未	戊申	己酉	庚戌	辛亥	壬子	癸丑	寅卯
甲寅	乙卯	丙辰	丁巳	戊午	己未	庚申	辛酉	壬戌	癸亥	子丑

查法：以日柱为主，柱中年、月、时支见者为空亡。

《三命通会》说："凡带此煞生旺，则气度宽大，动招虚名，长大肥满，多意外无心之福，死绝则一生成败漂泊，但在我有气之地，则不能为祸。大忌干支与空亡相合，是谓小人得位，则奸诈谲诡，靡所不为。若为我克，是为空亡受殃，反为特达之福。其神性无常：与官符并则佞媚多文，与劫煞并则狡勇，与亡神并则飘蓬，与大耗并则颠倒唐突，与建禄并一生起伏。惟夹贵华盖三奇学堂并者，则为大聪明脱俗之士。"

空亡见三会，三合，六合不作空亡论。吉神空而喜见合，凶星空而忌见合。空亡在年支上，一是祖业空，二是母空，或辞世，或改嫁，或出走远离，或母不顾子。空亡在月支上，多主无兄弟姐妹，或兄弟姐妹无靠。时值空亡多拗性，更遇华盖决主少子。胎元支落空亡。昏蒙飘零。命中有空亡与咸池，沐浴多者是野鄙艺人。若空亡与贵人，华盖一齐出现，则此人有大智慧，性情恬淡，品德清高，具有追求真理与智慧的超凡入圣之士，每易为世人钦仰与皈依。

27. 十恶大败

甲辰乙巳与壬申，丙申丁亥及庚辰，戊戌癸亥加辛巳，己丑都来十位神。

查法：四柱日干支逢之即是。

28. 咸池

申子辰在酉，寅午戌在卯，巳酉丑在午，亥卯未在子。

查法：以年支或日支查四柱其他地支，见者为是。

咸池是取日入之义，指万物暗昧之时，故五行沐浴之地曰咸池。咸池又名桃花。主要影响一个人的情感、性欲、魅力和恋爱、婚姻生活，附带还有隐秘、阴暗、酒水之类的影响。命带桃花，其人性巧，有同情心，爱风流、多才艺、能艺术，如果八字出现桃花而且处于生旺之地则主其人姿容俊美，如果是男人，则慷慨好交游，喜美色，如果是女人则风情万种，漂亮诱人。桃花并主聪明，倜傥风流，异性缘佳。桃花最忌见水，见之则性滥滔淫，如申子辰人逢癸酉或亥子丑水。时支桃花，时干不宜再见伤官，因为伤官本身已伤害官星（夫星），如再座桃花，将导致多夫，及婚姻不美满的情形。

29. 孤鸾煞

乙巳，丁巳，辛亥，戊申，壬寅，戊午，壬子，丙午。

查法：四柱日、时同时出现以上任何两组者为是。

命犯孤鸾煞，主婚姻不顺。“孤鸾犯日本无儿，一见官星得子奇，运遇旺乡名姐妹，临风惆怅绿楼时。”

30. 阴阳差错

丙子，丁丑，戊寅，辛卯，壬辰，癸巳，丙午，丁未，戊申，辛酉，壬戌，癸亥。

查法：日柱见者为是。

阴阳差错，女子逢之，公姑寡合，妯娌不足，夫家冷退。男子逢子，主退妻家，也与妻家是非寡合，其煞不论男女，月日时两重或三重犯之极重，日上犯之主不得外家之力，纵有妻财亦成虚花。久后仍与妻家为仇，不相往来。阴阳差错因孝娶，外祖两重或入赘，不然决要克其妻，或者残房来作婿。阴阳差错不风流，花烛迎郎不自由，不是寒房因孝娶，残房入宿两家仇。

31. 四废

春庚申、辛酉、夏壬子、癸亥；秋甲寅、乙卯、冬丙午、丁巳。

查法：凡四柱日干支生于该季为是。

命遇四废，主身弱多病，做事无成，有始无终。如不遇生扶，又受克害，凶煞制者，主伤残，官司口舌，甚至牢狱之灾，或为僧道之人。

32. 披麻、吊客、丧门

披麻查法：年、日支后三位为披麻。

吊客查法：年、日支后两位为吊客。

丧门查法：年、日支前两位为丧门。

披麻、吊客、丧门皆主孝丧之事。如大运、流年遇之，再加上八字组合不好，往往会有不好的事情发生。

33. 红鸾、天喜

红鸾查法

以年支查：子 丑 寅 卯 辰 巳 午 未 申 酉 戌 亥

其他地支见：卯 寅 丑 子 亥 戌 酉 申 未 午 巳 辰

天喜查法

以年支查：子 丑 寅 卯 辰 巳 午 未 申 酉 戌 亥

其他地支见：酉 申 未 午 巳 辰 卯 寅 丑 子 亥 戌

红鸾、天喜皆主喜事。

第四章
四柱八字的主要流派

旺衰流派

以日干的旺衰为八字的判断标准，比如，日干是木，生在春天就旺，如果在来个印星生比劫帮，就确定它比较旺了，是依据平衡法则，旺了就用财官杀食伤，弱了就帮扶，用印、比等。

旺衰流派又分滴天派和新派。

滴天派，即传统派，现在主要是指子平一类的。他们的圣典主要是清任铁樵所注释的《滴天髓》。现代邵伟华之后李涵辰之前出来的大师基本属于这一派。其特点是，断语模糊，喜欢用滴天体，比如“甲木生仲春，身旺无疑……最喜时上丙火食神泄秀……地支清气绕之……”诸如此类。

新派，文革破四旧。山东李涵辰发明倡导，其特点一是把旺衰公式化，二是一对一的成像模式，一般来讲，学了以后第一年很好用，以后会越用越不灵。它否定了神煞、废弃了地支相害相破等传统用法，只剩下简单的生克泻耗关系。新派的崛起有点类似于文革运动，一群狂人试图推翻传承千年的传统文化。其推断体系非常简单，比如月令决定旺衰的50%，日支对日干的帮扶成体系等等，常用断语也很模式化，如官上吉、印上凶等。

盲派

相传盲派的祖师爷是鬼谷子先师，鬼谷子看到盲人在这世上生存艰难，于是把一套他研习出来的术数传给了盲人。盲派也是子平法的一个分支。近千年来通过盲人之间互相研习、交流和发展，形成了一套适合盲人学习的传统文化。盲派命理有其独特的口诀，简洁快速准确。很多口诀出自巾箱本和民间秘抄。由于历史上它都是单独传授的，从不外传于非盲，因而显得非常神秘。

但是，盲派命理只是适合盲人推算的一种论命方式而已。

盲派的特点之一是简洁，如“八字门派”，不用大小运、命宫、胎元、息元等。只看命局中的八个字，就能断出好几条，甚至10多条命主的信息，大都很准（因为盲师吃透了“十神心性”等）。

二是排四柱快速。盲师不可能依赖万年历，但是他们只在一两分钟内便能将四柱命局和大运展现脑海。

三是盲派理论对六亲的推算奇准。如：父母情况、妻子长相、子女优劣等等，其准确度远远超过子平命理。

四是盲派命理对命主头胎生男生女，命主排行，及命主的性别是男是女大多能断准。这确实很神秘。

格局派

大宗之法，也是目前的主流方法，其依据是《三命通会》《渊海子平》《子平真诠》。如今主要派系有三个：月令格局派。直接以月令主气（透干与否无所谓）取格局。官印财食顺用，杀枭劫伤逆用；月令透干格局派。推崇《子平真铨》，重视月令透干，作为定格依据。其他原则跟月令格局派差不多；子平真宗格局派。根据月令人元司令透干与否，将八字分为格和局来分别论述。

其他派别

一是禄命派。以年为主，纳音、神煞、长生等 12 宫是主要理论手法，依据古书《李虚中命书》《星命抉古录》。

二是穷通派。主要依据穷通宝鉴论命。严格说起来穷通派不算一个单独的派别，穷通宝鉴也不是单行的法则。这一派主要来自对自然界万象的感悟，直接运用于八字，一达到天人合一境界。

四柱八字的流派没有严格区别，一般都是融合在一起使用。

总之，四柱八字无论是哪个派别，它都是古代术数中的一种，其中包含着丰富的基于阴阳五行的和谐思想。其中关于达到和谐要扶持“用神”，打击克制“忌神”的思想，关于和谐与八字“格局”的思想，关于和谐与“大运”、“流年”关系的思想，虽然讲的是术数，却体现了达到系统和谐的具有普遍意义的思想。各种派别其最终的研究目的，是要在《周易》的基础上有新的发展。

附　录

一、八卦歌诀

乾三连，坤六断，震仰盂，艮覆碗，
离中虚，坎中满，兑上缺，巽下断。

二、八卦代数

乾一，兑二，离三，震四，
巽五，坎六，艮七，坤八。

三、八卦方位（后天八卦）

乾：西北　坎：北　艮：东北　震：东
巽：东南　离：南　坤：西南　兑：西

四、八卦所属

乾、兑（金）；震、巽（木）；

坤、艮（土）；离（火）；坎（水）。

五、八卦生克

乾、兑（金）生坎（水），坎（水）生震、巽（木），震、巽（木）生离（火），离（火）生坤、艮（土），坤、艮（土）生乾、兑（金）。

乾、兑（金）克震、巽（木），震、巽（木）克坤、艮（土），坤、艮（土）克坎（水），坎（水）克离（火），离（火）克乾、兑（金）。

六、八卦旺衰

乾、兑旺于秋，衰于冬；震、巽旺于春，衰于夏；

坤、艮旺于四季，衰于秋；离旺于夏，衰于四季；（四季是指每个季节的最后一个月。）

坎旺于冬，衰于春。

七、八卦所对应的五行

金：乾—兑　乾为天，兑为泽。

木：震—巽　震为雷，巽为风。

土：坤—艮　坤为地，艮为山。

水：坎　坎为水。

火：离　 离为火。

八、五行数理

金：一

木：二

水：三

火：四

土：五

九、五行方向

金：主西方

木：主东方

水：主北方

火：主南方

土：中央

十、五行天气

金：燥
木：风
水：寒
火：暑
土：湿

十一、五行颜色

金：白色
木：青色
水：黑色
火：赤色
土：黄色

十二、五行身体

金：皮、鼻孔、肺脏、大肠。
木：筋、眼睛、肝、胆。
水：骨、耳朵、肾脏、膀胱。
火：脉、舌头、心脏、小肠。
土：肉、嘴巴、脾脏、胃。